진정한 플렉스

(주)죠이북스는 그리스도를 대신한 사신으로
문서를 통한 지상 명령 성취와 하나님 나라 확장을 위해 노력합니다.

진정한 플렉스

복음의 부요함을 과시하라

신동재 지음

죠이북스

추천사

신동재 목사는 다산의 제자, 황상과 같은 사람이다. 황상은 자신이 느리고 둔하다 여겼지만, 다산은 그에게서 우직하게 한길 가는 저력을 보았다. 제자에게 '부지런하고, 부지런하며, 부지런하여라'라는 가르침을 주었고, 황상은 이를 지키며 당대의 뛰어난 문장가가 되었다. 신 목사도 다르지 않다. 그의 글쓰기를 지도하면서 알아보았다. 제 잘난 맛에 살다가 결국 흔적도 없이 사라지는 이가 아닌, 화려하지 않아도 제 속도로 꾸준히 걷는 신 목사가 분명 좋은 저자가 될 것임을 말이다. 지금보다 나중이 기대되고 주목받을 기독교 저자가 될 것임을 나는 확신한다. 신동재 목사야말로 이 책의 제목대로 "진정한 플렉스"다. 이 책을 펼쳐 천천히 느린 호흡으로 따라 걷다 보면, 저자는 물론이고 예수님의 숨결이 스며들 것이다. 좋은 저자의 탄생과 더불어 멋진 독자가 들불처럼 일어나기를 소망한다.

· **김기현 목사**(한국침례신학대학교 종교철학과 윤리 교수,
「곤고한 날에는 생각하라」 저자)

지금은 세속적인 부를 쌓는 삶을 추구하고, 그런 자신을 과시하고 싶어 하는 시대이다. 그러한 삶이 행복과 성공의 표상이 되어 버렸다. 그리스도인들의 삶은 과연 다를까? 다르다고 시원하게 대답할 자신이 없다. 예수와 복음을 이용하여 더 많이 갖고 더 높이 올라가려는 욕망이 여전하고, 복음과 복음적 삶을 부끄러워하며 세상 흐름에 은밀히 편승하는 모습이 여전하기 때문이다. 이러한 시류에 저항이라도 하듯, 「진정한 플렉스」는 완벽하고

영원한 '부'를 지닌 복음을 세상과 교회를 향해 외친다. 이 외침이 허공이 아닌 삶에 뿌리내리도록 시대의 언어로 다가가며, 결국에는 복음의 언어로 독자를 설복한다. 복음을 사모하고, 누리고, 과시하고 싶은 열망과 열심을 갖도록 한다. 그래서 이 책을 자신 있게 권한다. 세속적 욕망이 범람하는 이 시대 속에서 그리스도인답게 살고자 한다면, 지금 이 책을 펼쳐야만 한다.

· **김미열 목사**(원주중부교회 담임)

"미친 소크라테스"라고 불린 철학자가 있다. 바로 디오게네스다. 디오게네스는 개처럼 사는 것이 진정 자유롭고, 현명한 인생이라고 주장했다. 디오게네스를 "미친 소크라테스"라고 한 사람은 플라톤이었다. 플라톤은 소크라테스의 뒤를 이어 아카데미를 세우고 "욕망을 버리라"고 했지만, 삶은 그렇지 않았다. 당시 아카데미는 오늘날 초대형 학원과 같았다. 그래서 디오게네스는 플라톤의 아카데미를 진흙 발로 밟으며 질타하기도 했다.

오늘날 사람들은 '관종'(관심 종자)의 삶을 즐기며 '플렉스'(자신의 재력을 자랑)하면서 산다. 그리스도인들도 이와 별반 다르지 않다. 이런 흐름을 어떻게 멈출 수 있을까? 저자는 21세기를 살아가는 우리가 믿는 자로서 어떻게 살아야 할지 숙고하게 해준다.

이 책은 단순히 기독교인의 삶을 기술하지 않는다. 스스로 되묻도록 각 장 마지막에 질문을 던지고 있다. 소크라테스는 질문법을 통해 그 당시 지식인들, 소피스트들에게 그들의 무지를 일깨워 주었다. 저자도 질문을 통해 믿음의 순례 길을 가는 우리가 바른 나그네의 삶을 사는지 스스로 점검하도록 안내한다.

'호접지몽'(胡蝶之夢)은 중국 「장자」의 "제물론"(齊物論)에 나오는 유명한 이야기다. 장자가 꿈에 나비가 되어 즐겁게 놀다가 깬 뒤에 자기가 나비

꿈을 꾼 것인지, 나비가 자기 꿈을 꾼 것인지 알기 어렵다고 한 고사에서 유래한 말이다.

신앙생활하면서 우리가 세상 사람처럼 즐기고, 세상의 모습과 삶이 일치되어, '플렉스'하는 자가 되어서는 안 된다. 그래서 많은 이가 이 책을 읽고, 스스로 고민하고, 숙고하길 소망한다. 이 시대에 주님이 원하시는 삶을 살기를 소원하는 자가 있다면, 이 책을 읽기를 강력하게 추천한다.

· **김영한 목사**(품는교회 담임, Next 세대 Ministry 대표)

과감하고 무모하다. 젊은 목회자가 협착한 길, 좁은 문으로 들어선 것 같아 안쓰럽기조차 하다. '과연 이 내용을 어떻게 이 시대와 소통할 것인가'라는 고민보다는 그 길을 가야 하는 행보에 더 마음이 쓰인다. 시간이 지날수록 거세지는 세상 흐름에 역류하겠다고 선언한 책이기 때문이다. 그래서 더욱 격려가 필요하고 다독임이 필요하다. 그 길이 옳기 때문이다. 이 책을 읽는 내내 해석과 설교보다는 우리가 살아 내야 할 삶이 보였고 걸어가야 할 길이 보였다. 좀 더 많은 그리스도인이 이 글에 공감해 주면 좋겠고 함께 그 길을 걸어가 주면 좋겠다. 이 시대를 살아가는 주님의 제자들과 교회에 이 책을 추천한다.

· **노진준 목사**(PCM[Preaching Coaching Ministry] 공동 대표)

코로나를 지나며 한국 교회는 큰 위기를 맞이했다. 양적 성장과 기복을 추구한 지난날 우리의 민낯이 여실히 드러났다. 통렬한 자기반성의 목소리가 곳곳에서 터져 나왔다. 코로나가 끝났다. 희망이 비치는 듯했다. 그러나 그것도 잠시였다. 다시 성장과 기복의 거대한 먹구름이 드리웠다. 보고 배운 것이 성장과 기복인 탓이리라. 이 때문에 이 책이 참 소중하다. 기복의 안개를 걷고, 복음의 길을 보여 주기 때문이다. 예수 믿어 복 받기보다는 예수를 믿음이 가장 큰 복임을 말한다. 신자의 행복은 소유가 아닌, 예수와의 동행에 있음을 전한다. 사람은 괴로워서가 아니라 외로워서 죽는다. 신자의 인생이 괴로울 수는 있지만, 외롭지 않음을 이 책은 가르쳐 준다. 또한 나보다 먼저 그 길을 걸어간 성경 속 믿음의 선배들을 보여 준다. 광야 동굴을 걷는 인생 가운데 동행하시는 예수를 바라보게 한다. 이 책을 통해 썩어질 세상이 아닌, 영원한 하나님 나라 플렉스를 행하는 신자들이 불같이 일어나리라 믿는다.

· **서진교 목사**(작은예수선교회 대표, 「작은 자의 하나님」 저자)

※ 이 책에 인용한 성경 구절은 개역개정판을 따랐습니다.

※ 이 책의 누가복음 본문 해석은 아래 문헌을 참고하였습니다.

- 강대훈, 「그리스도인을 위한 통독 주석 시리즈: 누가복음」, 홍성사 펴냄, 2022.
- 신현우, 「누가복음 어떻게 읽을 것인가」, 성서유니온선교회 펴냄, 2016.
- 대럴 벅, 「누가복음」 1, "베이커 신약 성경 주석", 부흥과개혁사 역간, 2013.
- _____ , 「누가복음」 2, "베이커 신약 성경 주석", 부흥과개혁사 역간, 2017.
- 매튜 풀, 「매튜 풀 청교도 성경 주석(15) 마가복음 · 누가복음」, 크리스천다이제스트 역간, 2015.
- 존 칼빈, 「칼빈 주석: 공관복음」, 크리스천다이제스트 역간, 2011.
- 찰스 스펄전, 「스펄전 설교 전집(22) 누가복음」 1, 크리스천다이제스트 역간, 2012.
- _____ , 「스펄전 설교 전집(23) 누가복음」 2, 크리스천다이제스트 역간, 2013.
- R. T. 프랜스, 「누가복음」, 부흥과개혁사 역간, 2018.

※ 이 책에서 참고한 신문 기사는 아래와 같습니다.

●142쪽

송경화, "임대 단지 주민 77% 분양 단지와 차별 경험했다", 〈한겨레〉, 2020년 12월 7일, "https://www.hani.co.kr/arti/society/society_general/973037.html" (2024년 2월 13일 접속).

●●146쪽

정창일, "한국교회 세상속으로… '기독교 배타적'… 호감도 25% 그쳐", 〈국민일보〉, 2022년 4월 27일, "https://m.kmib.co.kr/view.asp?arcid=0924242493" (2024년 2월 13일 접속).

차례

Prologue

지금 무엇을 누리며 과시하고 있습니까?

"요즘 어떻게 지내냐는 친구의 말에 그랜저로 대답했습니다."

한 고급 자동차 광고에 나오는 말입니다. 광고 내용은 이렇습니다. 친구 사이인 두 사람이 오랜만에 만납니다. 한 친구가 먼저 안부를 물었는데, 다른 친구는 그 물음에 자신의 차를 보여 줍니다. 자기가 가진 재력으로 대답을 대신한 것이지요. 고급 차를 보여 주니 긴말이 필요 없습니다. 내가 얼마나 잘 먹고, 잘 사는지 구구절절 설명하지 않아도 됩니다. 지금 내가 가진 고급 차가 현재 나의 성공과 재력을 보여 주고, 다른 이의 선망까지 받도록 거들어 주기 때문이지요.

우연히 보게 된 이 광고는 제게 이런저런 씁쓸한 기분을 안겨 주었습니다. 이제는 가시적인 물질로 인생의 성공을 과시하고, 심지어 타인의 성패까지 판단하는 시대가 되었습니다. 그래서 요즘 꽤 많은 사람이 끼니는 대충 때우더라도 멋들어진 집과 차, 고가의 물건을 가지려 합니다. 이런 현상은 점점 사람들이 아득한 미래를 준비하는 것보다 당장 즐기고 자랑할 수 있는 현재의 삶을 중요시한다는 것을 보여 줍니다.

이러한 시류를 정확히 반영한 유행어가 있습니다. 바로 "플렉스"(flex)입니다. 몇몇 사전을 살펴보니 플렉스는 '구부리다', '몸을 풀다', '몸 좋은 사람들이 등을 구부리며 근육을 자랑하다'라는 의미가 있습니다. 그런데 이 단어는 금과 명품으로 휘감고 랩을 하는 미국 힙합 문화에서 '과시하다', '뽐내다'라는 의미로 쓰이기 시작했습니다. 그 문화가 한국 힙합 래퍼들을 통해 최근 우리에게도 고스란히 스며들었습니다. 이제는 유행어 정도가 아니라 문화로 자리 잡았습니다. 소셜 미디어를 보십시오. 고가의 물건을 사거나 고급 레스토랑에 가서 사진을 찍고, "오늘 ○○으로 플렉스했다"고 말하며 사치를 향유하고 과시하는 게시물이 넘칩니다. 과한 소비를 누리고 자랑할 뿐 아니라, 그런 자신을 만족해하며 모두가 볼 수 있도록 노출하는 것을 많은 이가 즐기고 있습니다. 그래서 플렉스하는 이는 행복에 겨워하며, 반대로 플렉스를 지켜보는 이는 부러움이 사무치지요.

너도나도 플렉스하고 싶어 안달 난 시대에, 그리스도인은 어떻게 반응해야 할까요? 세상 사람들과 진배없이 소셜 미디어를 뒤적이면서 편집된 화려한 삶을 마냥 부러워하고, 끝내 열패감에 시달려야 할까요? 교회에서는 위로받고 승리의 찬양을 부르지만, 막강한 부를 지니고 과시하는 세상 앞에서는 위축되는, 그런 일상을 살아야 할까요? 정말 그것이 그리스도인의 삶일까요? 겨우 그 정도의 삶을 살라고 예수님의 죽음과 부활로 완성된 복음을 하나님이 우리에게 주셨을까요?

잠시 부자와 거지 나사로의 이야기를 해 보겠습니다. 성경도 돈 많은 이를 "부자", 돈 없는 이를 "거지"라고 정확히 말하고 있습니다. 부자는 자색 옷과 고운 베옷을 입고 높은 지위와 많은 재산을 과시합니다. 풍족한 음식을 먹으며 날마다 호사를 누립니다. 반면 거지 나사로는 헌데투성이고, 부자의 상에서 떨어지는 부스러기로 배를 채웁니다. 심지어 부자의 집 대문 앞에 버려지기까지 합니다. 여러분은 어떤 인생이 더 탐나고 부러운가요?

우리가 부자의 삶을 택하려는 찰나, '죽음'이라는 그림자가 부자와 나사로에게 드리웁니다. 죽음 앞에서 두 사람의 처지는 완전히 뒤바뀌게 되지요. 부자는 죽어 영원한 음부에 다다르고, 그곳에서 고통받습니다. 반면 거지 나사로는 천국에 들어가 안식을 누립니다. 부자는 더 이상 자신의 것을 과시하지 못합니다. 오히려 나사로를 부러워하는 신세가 되어 버리지요. 그뿐만이 아닙니다. 부자와 나사로 사이에는 큰 구렁텅이까지 있어 부자는 나사로 근처에 얼씬도 할 수 없게 되지요. 부자는 나사로 앞에서 영원히 좁힐 수 없는 격차를 겪게 되는 것이지요. 이 이야기의 핵심은 돈이 많으면 심판받고, 가난하면 천국에 간다는 것이 아닙니다. 자동차, 집, 부동산과 같은 물질을 부의 기준으로 삼는 우리에게, 참되고 영원한 부요함은 복음에 있다는 것을 말하는 것입니다.

성경은 복음을 믿는 자가 낮고 천한 처지에 있다 하더라도, 한 번도 "초라하다", "불쌍하다", "불행하다"고 말하지 않습니다. 그리스도인은 환난과 궁핍을 당해도 실상은 부요하다고 말하며(계 2:9), 아무것 없는 자같이 보여도 모든 것을 가진 자라고 말합니다(고후 6:10). 왜입니까? 부요하고 풍성하신 예수님이 친히 찾아오셔서 복된 인생으로 변화시키셨기 때문입니다. 그래서 바울은 매 맞고 강도당하고, 주리고 목마르며, 헐벗었다 하더라도 복음을 부끄러워하지 않았습니다. 오히려 그는 일평생 십자가 외에는 자랑할 것이 없다고 외쳤습니다(갈 6:14). 이 땅의 그 어떤 고난과 환난으로도 부정될 수 없는 십자가 복음의 행복이 있기에 그토록 자랑한 것입니다.

거지 나사로와 같이 복음의 부요함을 실제로 경험한 인물들이 누가복음 곳곳에 등장합니다. 그들은 낮은 자, 소외된 자, 가난한 자, 병든 자, 증오나 비판을 받는 자였습니다. 예수님은 그들을 친히 만나 주시고 복음으로 복되고 풍요로운 인생을 살게 하셨습니다. 비천한 처지로 홀로 아이까지 가진 마리아를 보십시오. 그는 "그의 여종의 비천함을 돌보셨음이라 보라 이제 후로는 만세에 나를 복이 있다 일컬으리로다"(눅 1:48)라고 찬양했습니다. 이 찬양의 내용이 예수님을 만난 모든 이의 인생에 고스란히 실현된 것이지요. 지금 누구도 마리아를 박복한 인생이라 말하지 않듯이, 부자의 집 대문 앞에 버려진 나사로를 동정하지 않듯이, 누가복음에서 예수님을 만난 모든 이가 우리에게는 복되고 부요한 인생으로 기억

됩니다.

그래서 저는 누가복음에 기록된 예수님을 만난 자들의 이야기와 그 안에 담긴 예수님의 가르침을 들여다보면서, 그리스도인이 누리고 과시해야 할 진정한 '부'를 이야기하려고 합니다. 화려한 세상을 압도하는 복음의 부요함을 지닌 우리가 얼마나 복된 인생을 살고 있는지 나누려고 합니다. 세상 속에 살아가는 그리스도인으로서 우리는 가난하다고 절망할 수 없고, 풍족하다고 교만할 수 없다는 사실에 도전하려고 합니다. 무엇보다도 나 자신이 아닌 오직 그리스도와 복음을 자랑하고 과시하고 싶은 열망을 함께 품어 가고자 합니다. 부디 이 책을 읽고 이러한 은혜와 도전, 열망을 얻기를, 그래서 여러분의 인생이 오직 복음으로 플렉스하기를 소망합니다.

2024년 3월

신동재

Ch. 1

주인공보다 조연을 꿈꾸는 인생

[15] 백성들이 바라고 기다리므로 모든 사람들이 요한을 혹 그리스도신가 심중에 생각하니 [16] 요한이 모든 사람에게 대답하여 이르되 나는 물로 너희에게 세례를 베풀거니와 나보다 능력이 많으신 이가 오시나니 나는 그의 신발 끈을 풀기도 감당하지 못하겠노라 그는 성령과 불로 너희에게 세례를 베푸실 것이요.

_눅 3:15, 16

우리는 모두 '관종'이다

"텔레비전에 내가 나왔으면 정말 좋겠네, 정말 좋겠네."

어린 시절, 자주 부르고 듣던 노래다. 당시에는 텔레비전에 나오는 일이 매우 특별했다. 그래서 이런 노래까지 불러 가며 텔레비전에 나오는 날을 염원했다. 왜 그랬을까? 지금 같은 뉴미디어 시대는 다양한 채널과 방법 덕분에 의지만 있으면 누구나 텔레비전에 나올 수 있다. 나만 하더라도 스마트 텔레비전으로 유튜브를 접속하면 설교하는 내 모습을 볼 수 있다. 그만큼 텔레비전에 얼굴 나오는 것이 쉬워졌다. 그러나 예전에는 텔레비전에 나오는 방법은 방송국이 유일했고, 지금과 달리 소수의 사람만 나올 수 있었다. '희소성'은 '특별함'을 불러일으키기에, 텔레비전에 출연한 사람은 온갖 관심과 주목을 받으며 구름 위를 걷는 기분을 만끽했을 것이다. 동네방네 소문이 나서 자랑거리가 되었을 것이다. 그래서 많은 사람이 텔레비전에 나오는 것을 꿈꿔 온 게 아닌가 싶다.

대부분의 사람은 주인공으로 태어난다. 축하와 박수, 온갖 애정과 관심을 한 몸에 받으면서 말이다. 하지만 세월이 지나면서 그간 받았던 관심이 점점 줄어든다. 무슨 짓을 해도 귀여움을 독차지하던 아기는 평범하고 그저 그런 삶을 살아가는 보통의 청년, 장년이 된다. 이것이 인간의 피할 수 없는 운명이자 현실이다. 당연한 수순이지만 썩 유쾌하지는 않다. 주인공의 자리에서 밀려나니 감출 수 없는 쓸쓸함이 밀려온다. 그러나 여기서 쉽게 포기할 우리가 아니다. 마음 한구석에 '내가 언젠간 다시 주목받으리라'는 야심을 은근슬쩍 품곤 한다.

임홍택 작가의 「관종의 조건」(웨일북)에 따르면, '관종'이란 '관심종자'의 준말로 관심받고 싶어 괴이한 일을, 심지어 심각한 범죄까지 일으키는 사람을 뜻한다. 이 책은 관종이라는 용어가 처음에는 부정적으로 쓰였으나 이제는 긍정적으로도 사용된다고 말한다. 예전에는 사람들의 눈살을 찌푸리게 하는 사람만을 가리켰다면, 이제는 스스로가 관종이라는 사실을 밝히면서 대중의 이목을 끌고, 때로는 좋은 에너지를 발산하는, 긍정적인 사례도 등장하고 있기 때문이다. 그래서 '관종'이라는 용어는 더 이상 비꼬는 의미만이 아닌, 관심받고 싶은 욕구를 솔직하게 표현하는 사람을 가리키는 용어로 자주 사용되고 있다.

이 용어를 들으면서 의문이 하나 생겼다. 과연 '관종'이 아닌 사람이 있을까? 주인공의 자리를 꺼리는 사람이 있을까? 사람이라면 누구나 텔레비전에 나오고, 타인의 이목을 끌어 주인공의 위치를 차지하고 싶지 않을까? 갓난아기 시절부터 받았던 충만한 관심을 지속하고, 아니 증폭시키고 싶은 마음이 모두에게 있지 않을까?

솔직히 말하면, 나도 관종이다. 이것은 부인할 수 없는 사실이다. 하나님의 일을 하지만 사람들의 관심을 받으면 기분이 참 좋아진다. 사람의 관심과 인정에서 자유하고 싶지만, 실제 감정과 태도는 영 그렇지가 못하다. 특히 설교자로 강단에 설 때 관종의 경향이 도드라진다. 솔직히 설교를 마친 후 하나님 앞에서 설교를 얼마나 충실하고 정확하게 준비했는가보다 성도들의 반응이 더 궁금할 때가 많다. 그래서 "오늘 설교 듣고 은혜 많이 받았습니다"라는 말을 은근히 기다리고, 그러다 실제로 들으면 그저 "수고하셨습니다"와 비슷한 인사치레라는 것을 알면서도 흐뭇하다. 반면 이런 말을 듣지 못한 날에는 그렇게 섭섭하고 울적하다. 이런 관종 DNA가 나뿐 아니라 대부분의 사람에게 심겨 있지 않을까?

결코 사라지지 않는 관종 DNA

그런데 대부분의 사람과는 달리 주목받기를 거부하고 자신을 낮춰 오히려 다른 이를 드러낸 자가 있다. 바로 '세례 요한'이다. 이사야 선지자가 예언한 "외치는 자"로서, "광야에서 여호와의 길을 예비"한 선지자다(사 40:3). 세례 요한은 신약과 구약 사이의 암흑기를 뚫고 등장한 자다. 심지어 그가 전하는 메시지는 훌륭하고 카리스마도 있었다. "회개하라 천국이 가까이 왔느니라"(마 3:2)고 외치면서 "회개의 세례를 전파"(눅 3:30)하면서, "회개에 합당한 열매를 맺[으라고]"(눅 3:8) 하나님 나라를 선포했다. 이렇게 약 400년의 긴 침묵을 깼으니, 그는 유대인들의 마음을 사로잡기에 충분했다.

무리와 세리, 군인들이 너나없이 세례 요한 앞에 나와, "우리가 무엇을 하리이까"라고 묻고 그의 가르침을 받았다. 이렇게 사람들은 본능적으로 세례 요한에게 집중했고, 열광했다. "백성들이 바라고 기다리므로 모든 사람들이 요한을 혹 그리스도신가 심중에 생각"했다는 말씀만 봐도 당시 상황을 충분히 예상할 수 있다(눅 3:15). 그들은 영광스러운 제사장 나라에 살다가 긴 포로 생활을 하고, 이제는 로마라는 강대국의 통제를 받고 있었다. 이 암흑의 시기에 나라를 구원하고 부흥시킬 군주가 필요했다. 그러니 그리스도와 흡사한 존재감을 내뿜는 세례 요한을 보고 도저히 흥분을 감출 수 없었던 것이다.

그도 그럴 것이, 이스라엘은 그동안 하나님이 사람을 통해 이루시는 구원 역사를 숱하게 보아 왔다. 모세로 출애굽을, 여호수아로 가나안 정복을 이루시고, 사사들로 이스라엘을 보호하셨다. 다윗으로 나라를 부강하게 하셨고, 솔로몬으로 성전 건축을 이루셨다. 이후 선지자를 통해 하나님의 말씀을 전하셨다. 그런 선례가 있기에 유대인들이 세례 요한을 향해 품었던 기대는 온당했다.

요한은 스타가 되어 보겠다는 추호의 욕심도, 욕망도 없었다. 그저 주어진 사명만 감당하고자 했다. 그런 그였지만, 사람들은 요한을 그리스도처럼 바라보았고, 몰려들어 추앙하고 싶어 안달했다. 이러한 현상은 무엇을 의미하는가? 순전한 마음으로 하나님 나라와 교회를 섬기더라도, 세례 요한 앞에 놓인 이 같은 광경, 즉 세상의 갈채와 환호를 받으며 '나도 주인공이 될 수 있지 않을까'라는, 내 안에 숨겨진 관종 DNA를 끈질기게 자극하는 매혹적인 상황이 펼쳐질 수 있다는 것이다.

성도가 되어도 관종 DNA는 사라지지 않는다. 가장 빛나고 주목받는 곳에서 헌신하고 싶고, 가능하면 칭찬과 인정을 받고 싶은 것이 사람 마음이다. '하나님만 아시면 되지'라고 외쳐 보지만, 정말 하나님만 아시면 그렇게 섭섭하다. 먼 훗날, 끝 날에 하나님 앞에서 "착하고 충성된 종아 참 잘하였도다"라는 하나님의 칭찬 한마디면 충분하다고 하지만, 교회에서 "수고했다", "정말 잘했다", "진짜 좋았다"는 말 한마디도 듣지 못하면, 다시는 그 일을 안 하고 싶다. 인간이라는 존재가 이렇게 생겼는데 어찌하겠는가. 하나님의 영광 아래 자기 부인을 지향하지만, 심연에는 관종 기질이 꿈틀대기에 우리 역시 높아지고, 칭찬과 인정을 받고 싶은 욕망에서 쉽게 벗어날 수 없다.

담임 목사님에게 매주 호되게 혼나며 교육 전도사로 사역한 시절이 있다. 부족하고 어리숙한 사역자를 향한 애정이었지만, 때로는 무섭고, 사무치게 서러웠다. 그러던 어느 날 첫 장년 설교를 맡게 되었다. 나는 지금도 그날이 눈에 선하다. 열심히 준비했다. 하지만 무섭고 어렵기만 한 담임 목사님이 지켜보시니 무척 긴장했고, 그 탓에 숱하게 버벅대다가 겨우 설교를 마쳤다. 그 후 걱정이 밀려왔다. '이번에는 무엇으로 혼내실까'라는 생각과 함께. 그러나

의외의 일이 벌어졌다. 설교 후 복도에서 우연히 마주친 담임 목사님이 옅은 미소를 지으시며 "신 전도사, 설교 잘하던데? 은혜 많이 받았어"라고 말씀하시는 게 아닌가. 정말 날아갈 것처럼 기분이 좋았다. 혼나기만 하다가 예상치 못한 칭찬을 들으니 그럴 만도 했다. 그 감정이 쉽사리 사그라들지 않았고, 다른 일에 집중하지 못할 정도로 행복감이 밀려왔다. 솔직히 그 감정을 계속 간직하고 싶어서 아무것도 하고 싶지 않았다. 다음 설교는 어떤 본문으로 해야 인정받을 수 있을까 고민했다. 그런데 그렇게 희희낙락하다가 불쑥 이런 엄중한 질문이, 아니 질책이 머리에 울렸다. "나는 누구를 보고 설교를 하고 있었지?" "나는 누구를 드러내는 설교를 하고 있었지?"

부끄러웠다. 처참했다. 쉬이 가시지 않는 그때의 수치를 지금도 생생하게 기억한다. 그래서 지금까지도 설교할 때마다 나를 드러내고자 하는 욕망과 치열하게 싸우고 있다. 아마 평생의 싸움일 것이다. 요한도 '사명자'이기 전에 분명 '사람'이었다. 충분히 욕심을 가질 수 있었다. 그리고 계속 그렇게만 하면 출셋길이 보장되어 있었다. "당신이 우리를 구원할 그리스도입니까?"라는 질문에, 눈 딱 감고 "네, 당신들이 기다리던 자가 바로 접니다"라고 말한다면 그는 인생 역전을 맞이했을 것이다. 그를 중심으로 새로운 종파가 형성되며 그는 막강한 권력을 지닌 지도자로 부상했을 것이다. 어쩌면 역사에 굵직하게 기록될 수도 있었을 것이다. 그러나 그는 결코 그런 선택을 하지 않았다.

요한, 주연보다 조연을 자처하다

요한은 자신에게 주목하며 열광하는 군중을 향하여 "나보다 능력이 많으신 이가 오시나니 나는 그의 신발 끈을 풀기도 감당하지 못하겠노라"고 말한다(눅 3:16). 또한 자신을 가리켜 "주의 길을 곧게 하라고 광야에서 외치는 자의 소리"라고 말한다(요 1:23). 그는 스타가 될 수 있는 절호의 기회를 단번에 날려 버린 것이다.

그는 진심이었다. 속내를 감추며, 손사래 치며 겸양을 떠는 것이 아니었다. 약속된 메시아, 이스라엘이 그토록 대망하던 실체가 본인이 아니라 자신 뒤에 오시는 예수님이라는 사실을 그는 분명히 알고 있었다. 그래서 예수님에 대해 주저 없이 선포할 수 있었다. 더 나아가 자신을 철저히 깎아내리며 감출 수 있었다. 자신은 예수님의 신발 끈을 푸는 것조차 할 수 없는 자라고 말하면서 말이다. 그는 주인의 발아래에 무릎 꿇고 온갖 먼지에 싸인 신발을 만지며 끈을 푸는 노예처럼, 스스로를 철저히 낮추었다.

그는 어떻게 그럴 수 있었을까? 먼저 요한은 자기에게 주어진 역할을 정확히 이해했다. 자신은 '소리'지 '실체'가 아니라는 사실을 말이다. 소리는 파동에 불과하다. 메시지를 전달하는 매개체다. 이처럼 요한은 예수님을 전하는 소리, 메시지의 전달자이기에 주목과 관심의 대상이 아니었다. 그래서 그는 주연에서 조연의 자리로 주저 없이, 자진하여 물러날 수 있었다. 주연의 자리가 전혀 아쉽지 않았다. 숙명이자 순리로 여겼다.

또한 요한은 자신과 예수님 사이의 무한한 격차를 알고 있었다. 본인은 물로 세례를 베풀지만, 예수님은 성령과 불로 세례를 베푸신다고 선언했다. 강대훈 교수는 "불과 물은 능력에서 차이가 있다"고 주장하면서, "요한의 '물세례'는 죄 용서의 '상징'인 반면 '성령과 불세례'는 '실제로' 죄를 용서한다"고 말한다. 많은 사람이 요한을 우러러 보았지만, 정작 요한은 예수님과 자신의 격차를 인식하고 있었다. 창조주와 피조물, 거룩한 자와 죄인, 구원자와 구원이 필요한 자의 차이를 절감하고 있었다. 그래서 그는 조연의 자리를 자처하며 주저 없이 물러선 것이다. 박탈감이나 상실감이 아닌 기쁨으로 주연의 자리에 예수님을 모셨다.

인생을 살다 보면 주인공이 되고 싶어 관종 노릇을 하던 내가, 주인공으로 만들어 주고 싶은 사람, 나에게 오던 관심을 흔쾌히 나눠 주고 싶은 사람이 생긴다. 바로 자녀다. 이제 막 어린 자녀를 낳아 키우는 부모의 소셜 미디어를 보라. 그동안 나만의 이야기로 화면을 채웠다면, 자녀가 생긴 후에는 자녀의 일거수일투족을 올린다. 자녀에 관한 게시물에 누군가가 '좋아요'를 누르고 관심을 표하면, 그렇게 기분이 좋다. 자녀가 주목받을수록 본인의 자존감도 올라가는 색다른 경험을 하게 된다. 그럴 수 있는 이유는 단 하나다. 자녀를 몹시 사랑하기 때문이다.

사람들은 세례 요한을 그리스도처럼 떠받들려 했지만, 요한은 자신의 역할을 정확히 이해했고, 예수님과 자신의 무한한 격차 또한 정확히 인식했다. 그래서 그는 예수님을 경외할 수밖에 없었다. 이때의 경외는 두려워서 멀어지고 싶은 마음이 아니다. 깊은 존경심을 가지고 가까이 다가가 사랑하고 싶은 마음이다. 요한도 그랬을 것이다. 예수님을 경외했고, 그 경외 안에는 순수한 사랑이 있었다. 그 사랑이 있었기에 예수님을 즐거이 높여 드렸을 것이고, 나 자신이 아닌 예수님을 전하며 선포할 때 형언할 수 없는 희열을 느꼈을 것이다. 그리고 요한뿐 아니라 하나님의 사람이라면, 예수님의 제자라면, 사랑이 깃든 경외심으로 모두가 조연의 삶을 자처하며 행복하게 살 수 있을 것이다.

예수님의 제자 베드로 역시 자신을 기꺼이 가리웠다. 성전에 올라갈 때, 그는 '못 걷는 이'를 만나 예수 그리스도의 이름으로 그를 일으켰다. 평생 걷지 못해 구걸하던 자를 한 번의 선포로 일어나 걷게 하였고, 심지어 뛰게 했다. 예나 지금이나 사람들은 기적을 좋아한다. 기적을 베푼 사람에게 관심을 둔다. 베드로 역시 주목받았다. 그러나 그는 그 상황을 영 달가워하지 않았다. 오히려 청중을 향해 의아해하며 이렇게 말했다.

> 이스라엘 사람들아 이 일을 왜 놀랍게 여기느냐 우리 개인의 권능과 경건으로 이 사람을 걷게 한 것처럼 왜 우리를 주목하느냐(행 3:12).

내 힘으로, 내 거룩함으로 기적을 일으킨 것도 아닌데 왜 자신을 보고 있느냐고 반문한 것이다. 그러고는 그 기적에 대해 이렇게 정리한다.

> 그 이름을 믿으므로 그 이름이 너희가 보고 아는 이 사람을 성하게 하였나니 예수로 말미암아 난 믿음이 너희 모든 사람 앞에서 이같이 완전히 낫게 하였느니라(행 3:16).

베드로는 기적의 결과를 등에 업고 힘과 능력을 과시하며 주인공이 될 수 있었다. 그러나 그 꽃길을 선택하지 않았다. 예수님을 세 번 부인했지만, 결국 주님 앞에 "내가 주님을 사랑하는 줄 주님께서 아시나이다"(요 21:17)라고 세 번 사랑을 고백한 베드로였다. 예수님을 주님으로 모시며 사랑한 베드로는 예수님보다 자신이 드러나는 것을 즐거워하지 않았다. 오직 예수님이 드러나는 것을 마땅히 여기며 행복해했다. 그도 요한처럼 예수님을 주인공으로 높이 세워 드렸다.

별은 태양을 대신할 수 없으니

요한은 조연의 자리에 그치지 않는다. 더욱 과격하게 자신의 사명을 표현했다. "그는 흥하여야 하겠고 나는 쇠하여야 하리라 하니라"(요 3:30). 17세기 신학자 매튜 풀(Matthew Poole)은 이 구절을 주석하면서 요한을 "새벽 별"로, 예수님을 "떠오르는 해"로 표현했다. 태양과 같은 예수님의 빛은 더욱 밝히 빛날 것이기에 새벽 별은 때가 되면 사라져야 한다는 뜻이다. 별은 태양을 대신할 수 없다. 이는 불가능한 일이다. 태양이 떠오를 때 조용히 사라지는 것이 별의 역할이다.

그래서 요한은 완벽하게 사라지고자 했다. 예수님이 사역을 시작하실 때 걸림돌이 되고 싶지 않았다. 자신이 망하는 것이 실패가 아닌 성공이라 믿었다. 그리고 이러한 삶에 오히려 진정한 생명이 있다는 사실도 알았다. 19세기 복음주의 설교자 앤드류 머레이(Andrew Murray)는 「겸손」(크리스천다이제스트)에서 예수님 앞에 자신을 낮추는 삶이, 자신은 아무것도 아니라 고백하며 예수님을 왕으로 높이는 삶이 가장 복되고 영광스럽다고 말한다. 그리고 그 이유를 이렇게 말한다.

> 물은 항상 가장 낮은 곳으로 흐릅니다. 하나님 앞에서 사람이 자기를 낮출수록, 자기를 비울수록, 하나님의 영광의 물결이

더 빨리, 더 충만하게 흘러 들어올 것입니다.

물은 낮은 곳으로 흘러 생명을 이룬다. 마찬가지로, 우리가 낮아질 때, 하나님의 영광이 우리 삶에 스며들고, 우리 삶으로 나타난다. 이 얼마나 복된 삶인가.

예수님을 이용해 한 번뿐인 인생 홍해 보고자 하는 자는 예수님에 대한 진정한 믿음과 사랑이 없는 자다. 성도라면, 예수님의 제자라면, 하나님의 자녀라면 나를 죽기까지 사랑하시고 구원하신 그분을 위해 스스로를 즐거이 낮출 줄 알아야 한다. 그것이 사명이자 행복이다. 우리가 망할 때, 우리가 뒤로 물러갈 때, 날개로 얼굴과 발을 가렸던 스랍처럼 우리를 감출 때, 그 인생에 하나님의 영광이 뚜렷해지기 시작한다. 분명 요한도 이 비밀을 알았을 것이다.

지금은 1인 미디어 시대로 '나'라는 상품을 콘텐츠로 개발하고 판매까지 할 수 있다. 뿐만 아니라 자신을 쪼개고 들추고 변형하여 부캐(자신의 또 다른 캐릭터를 가리키는 말)까지 만들어 '나'라는 주인공을 다방면으로 야무지게 활용한다. 경쟁 사회는 1등이 돼서 세상이 우러러보는 자리에 서고 싶도록 자꾸만 우리를 부추긴다.

이런 시대에 요한의 태도는 우리에게 도전한다. 여전히 주인공의 자리에 미련을 두고 있는 우리에게 예수님을 구주로 모신다면 조연의 자리는 실패가 아니라 영광의 자리라고 말하면서 말이다. 세상은 끊임없이 "자네, 스타가 되고 싶지 않은가?"라고 물어 오며 내 안의 관종 기질을 부추길 것이다. 그 삶이 흥한 삶이라고 거짓을 속삭일 것이다. 그러나 예수님은 "자네, 나의 조연이 되어 주지 않겠나?"라고 하시며, 성도와 제자라는 진짜 흥하는 길을 제시하실 것이다. 누구의 명함을 덥석 잡을 것인가? 그 선택은 우리 몫이다.

너와 나의 플렉스 점검하기

| 질문에 답하며 자신을 돌아보고, 진정한 플렉스를 위한 다짐을 나누어 봅시다. |

1. 여러분에게는 관종 DNA가 있습니까? 있다면, 그러한 모습을 언제, 어디에서 발견합니까? 그럴 때 여러분은 어떻게 행동합니까?

2. 세례 요한이 등장했을 때, 사람들은 그에게 열광했습니다. 사람들이 그럴 수밖에 없었던 이유는 무엇입니까?

3. 세례 요한은 주연보다 조연을 자처하며 예수님을 높였습니다. 그가 그렇게 행동할 수 있었던 이유는 무엇입니까?

4. 사명과 사역을 감당하며 자신을 드러내려다가 처참히 실패한 경험이 있습니까? 반대로 자신을 철저히 낮추며 예수님을 높여서 승리한 경험이 있습니까? 지난날의 반성과 앞으로의 다짐을 나누어 봅시다.

Ch. 2

MBTI로 정의할 수 없는 나

[1] 무리가 몰려와서 하나님의 말씀을 들을새 예수는 게네사렛 호숫가에 서서 [2] 호숫가에 배 두 척이 있는 것을 보시니 어부들은 배에서 나와서 그물을 씻는지라 [3] 예수께서 한 배에 오르시니 그 배는 시몬의 배라 육지에서 조금 떼기를 청하시고 앉으사 배에서 무리를 가르치시더니 [4] 말씀을 마치시고 시몬에게 이르시되 깊은 데로 가서 그물을 내려 고기를 잡으라 [5] 시몬이 대답하여 이르되 선생님 우리들이 밤이 새도록 수고하였으되 잡은 것이 없지마는 말씀에 의지하여 내가 그물을 내리리이다 하고 [6] 그렇게 하니 고기를 잡은 것이 심히 많아 그물이 찢어지는지라 [7] 이에 다른 배에 있는 동무들에게 손짓하여 와서 도와 달라 하니 그들이 와서 두 배에 채우매 잠기게 되었더라 [8] 시몬 베드로가 이를 보고 예수의 무릎 아래에 엎드려 이르되 주여 나를 떠나소서 나는 죄인이로소이다 하니 [9] 이는 자기 및 자기와 함께 있는 모든 사람이 고기 잡힌 것으로 말미암아 놀라고 [10] 세베대의 아들로서 시몬의 동업자인 야고보와 요한도 놀랐음이라 예수께서 시몬에게 이르시되 무서워하지 말라 이제 후로는 네가 사람을 취하리라 하시니 [11] 그들이 배들을 육지에 대고 모든 것을 버려두고 예수를 따르니라.

_눅 5:1-11

나는 누구인가?

중학교 도덕 수업 시간에 반드시 듣게 되는 질문 하나가 있다. 바로 "나는 누구인가?"라는 질문이다. 청소년기에는 몸과 마음이 비약적으로 성장하면서 혼란을 겪게 되고, '나'라는 존재가 궁금해지기 시작한다. 사실 나는 당시 이 질문을 들으며 손발이 오글거렸다. 몹시 유치하고 쓸모없는, 나와 무관한 질문이라 여겼던 것이다.

그러나 이런 나의 태도가 무색하게, 나 역시 사춘기라는 질풍노도의 시기를 마주하게 되었다. 몸은 어른이 되어 가고 마음은 그동안 묵혀 있던 상처, 결핍, 혼란으로 요동쳤다. 불만과 불평, 원망이 봇물 터지듯 쏟아져 나왔다. 스스로를 통제할 수 없을 정도로 방황했다. 그래도 잘 살아 내고 싶었고, 희망을 얻고 싶었고, 이 혼란스러운 상황을 종결하고 싶었다. 그래서 끝내 나도 묻게 되었다. "나는 누구인가?"

요즘 MBTI가 유행인데, 사실 이것은 꽤 오래전부터 사용된 성격 유형 검사다. 최근 유난히 인기몰이를 하고 있는데, 자신이 속한 유형을 이름처럼 외워서 자기 소개할 때 사용하는 일이 흔해졌다. 심지어 소개팅할 때도 MBTI 유형을 미리 공유한 후 만남이 이루어진다고 한다. MBTI로 자신을 파악하고 규정하고 소개하는 시대가 된 것이다.

물 들어올 때 노 젓는다고, 이런 흐름을 타서 MBTI와 관련된

책, 영상, 예능 등 많은 콘텐츠가 생겨났다. 이와 관련된 상품까지 출시되기도 했다. 그중 한 예가 맥주 캔 앞뒤로 E와 I, N과 S, T와 F, P와 J를 새겨 놓아 조합하면 MBTI 유형이 되도록 디자인한 제품이다. 인기는 가히 폭발적이었다.

"나는 누구인가?"라는 질문에서 자유할 수 없는 인간에게 MBTI는 일종의 시원함을 선사한다. 내 성격 유형이 파악되면 연신 물개 박수를 치며 "맞아, 맞아!"라고 외친다. 이는 자기 이해에서 오는 내적 치유와 쾌감 때문이지 않을까 싶다. 그렇지만 MBTI를 맹신하는 것은 위험하다. 복잡 미묘한 인간을 완벽히 정의할 수 있는 틀은 세상 그 어디에도 없다. 심리 분석가 김성환은 「진정한 나다움의 발견 MBTI」(좋은땅)에서 MBTI는 우리에게 필요한 인간 이해의 기초가 되는 이론이지만, 절대적인 기준이 될 수 없으며, 자신의 행동을 합리화하기 위한 명분이나 사람을 판단하고 유형을 나눠 편 가르기 하는 데 사용하는 것은 옳지 않다고 당부한다. '성숙', '화합', '상생'과 같은, 인간에게 중요한 가치를 위해 선용해야 한다는 뜻이다.

이러한 MBTI의 유행이 우리에게 시사하는 바가 있다. 사람은 '나'라는 존재를 궁금해한다는 것이다. 우리는 스스로를 잘 안다고 생각하지만 현실은 그렇지 못하다. 나도 나를 잘 모를 때가 많다. 알수록 낯설고 난해한 타자로 느껴질 때가 있다. 그래서 MBTI로 스스로를 해부하며 이해하고 싶어 하는 것이다. 나를 정확히 이해해서 자신에게 공감하며 스스로를 다독여 주고 싶은, 더 나아가 모진 인생에서 실수와 실패를 최소화하고 싶은, 그래서 나답게 인생을 꾸려 후회 없이 살고 싶은 인간의 열망이 반영된 것이다. 하지만 어떤 제품의 기능과 사용법을 알기 위해서는 개발자나 동봉된 사용 설명서를 봐야 한다. 사람도 마찬가지다. 사람을 파악하고 이해하는 도구가 유익을 주기도 하지만, 이것이 사람의 본질을 정확히 알려 주지는 못한다. 그래서 우리는 우리를 지은 개발자, 그분이 적어 주신 설명서를 펼쳐야 한다.

그렇다면, 우리의 개발자는 누구인가? 바로 하나님이시다. 설명서는 무엇인가? 바로 성경이다. 우리는 하나님이 계시하신 성경을 펴 보아야 한다. 성경의 첫 장을 보라. 지체 없이 창조주 하나님부터 선포한다. 이어서 그 창조주께서 지으신 세계와 인간을 보여 준다. 특히 인간은 '하나님의 형상'을 본떠 지어졌다고 설명한다. 따라서 우리는 하나님 없이 이해할 수도, 파악할 수도, 설명할 수도 없는 존재다. 그래서 베드로도 거룩하신 예수님 앞에 섰을 때 비로소 자신의 존재와 인생의 목적을 발견할 수 있었다.

창조주 앞에, 거룩하신 분 앞에 서다

성경은 베드로를 '어부'로 소개한다. 베드로도 여기에 이의는 없었을 것이다. 누가 봐도 그는 어부의 행색을 하고 살았다. 아마 '어부'는 그의 평생의 '업'(業)이었을 것이다. 만선(滿船)을 이루면 의기양양했을 것이고, 공선(空船)으로 돌아가게 되면 풀이 죽었을 것이다. 고기에 살고 고기에 죽는 삶이었을 것이다. 어부는 그의 직업이자 생명 줄이었고, 남성으로서 능력을 발산하는 자아실현의 수단이었을 것이다. 또한 그는 꽤 오랜 세월 어업에 종사하면서 나름 숙련된 어부의 면모를 갖추었을 것이다. 그런 베드로에게 예수님이 찾아오신 것이다.

무슨 이유에서인지, 예수님이 만난 그날의 베드로에게는 거친 물살을 가르는 어부 특유의 기세가 보이지 않았다. 일을 마친 자의 흥겨움도 느낄 수 없었다. 곤죽이 되어 그물을 묵묵히 씻고 있을 뿐이었다. 베드로의 배에서 말씀을 가르치고 계신 예수님은 그런 베드로에게 관심을 갖기 시작하고, 이렇게 말씀하셨다. "깊은 데로 가서 그물을 내려 고기를 잡으라"(눅 5:4).

훈수였다. 겉보기에는 평범한 선생이, 평생 책상에 앉아 펜대만 굴렸을 것 같은 사람이, 호수를 집처럼 드나들며 물고기만 잡아 온 어부를 감히 가르쳤다. 베드로가 누구보다 자신 있는 분야에 예수님이 '감 놔라, 배 놔라'하신 것이다. 베드로의 자존심, 자부심, 더 나아가 정체성을 흔드는 명령이었다. 이럴 수도 저럴 수도 없었다. 명령을 따르자니 어부로서 자존심이 상하고, 이대로 돌아가자니 수고한 시간이 아깝고, 빈손으로 살아갈 하루가 막막했을 것이다.

목사는 설교를 지적받을 때 깊은 상처를 입는다. 아무리 젊고, 미숙하고, 배우는 과정에 있는 목사라도 설교 지적을 받으면 자존심이 상한다. 겉으로는 "조언해 주세요", "가르쳐 주셔서 감사합니다"라고 말하지만, 속으로는 '그렇게 마음에 안 들면 자기가 설교해 보라지', '얼마나 안다고 지적할까?'라는 그릇된 생각이 솟구친다. 왜냐하면, 설교는 목사의 가장 중요하고 상징적인 직무라서 그렇다. 또한 목사라는 직분은 단순 직업이 아닌, 정체성이 되기 때문이다. 그런 영역을 침범당하는 것은 견디기 쉽지 않다. 물론 나중에 되돌아보면 다 피가 되고 살이 되는 귀한 조언이었다.

하지만 베드로는 예수님의 말씀에 마음 상해하지 않았다. 진이 빠졌을 텐데도 귀찮아하지 않았다. 다시 허탈함을 겪을까 걱정하지도 않았다. 밤새 수고했지만 소득이 없던 일을 예수님에게 진솔하게 털어놓을 뿐이었다. 그리고 이후에 예수님의 말씀에 의지하여 그물을 내리자 놀라운 일이 벌어졌다.

> 그렇게 하니 고기를 잡은 것이 심히 많아 그물이 찢어지는지라 (눅 5:1).

그는 뼛속까지 어부였고, 고기잡이에 대한 자부심과 노하우가 있었다. 그런 그가 고기 잡는 데 실패했는데, 어부의 일을 해 보신 적 없는 예수님이 말 한마디로 베드로에게 만선을 안겨 주셨다. 지난 실패를 완벽하게 극복하게 하셨다. 예수님은 왜 이렇게까지 극적인 사건을 베드로에게 베푸셨을까? 단지 생계에 도움을 주시려고? 아니면 어부로서의 꿈을 다시금 심어 주시려고? 예수님은 겨우 그 정도의 조력자나 선생이 아니시다. 예수님은 참 하나님이며 참 사람이시다. 그래서 예수님은 우리에게 하나님과 사람에 관하여 정확하게 알려 주시는 분이다.

하나님은 자신을 계시하실 때 자연을 자주 사용하셨다. 광야를 지나는 이스라엘 백성에게 구름 기둥과 불기둥으로, 모세에게는 타지 않는 떨기나무로, 엘리야에게는 흠뻑 젖은 제단에 떨어지는 불로 현현하셨다. 베드로가 경험한, 그물이 찢어질 듯한 어획량도 같은 맥락이다. 하나님이 강력한 기적으로 당신의 임재를 나타내신 것처럼, 예수님도 초자연적인 사건으로 당신이 인류를 구원할 그리스도임을 계시하셨다.

그래서인지 베드로와 어부들은 고기를 올리자마자 기뻐하지 못했다. 지난밤의 수고를 보상받고, 꽤나 긴 앞날을 보장받는 순간이었지만 웃지 못했다. 이 고기를 어떻게 분배하고 사용할지 행복한 고민에 빠져 왁자지껄 떠들 수도 있었는데 그러지 않았다. 그들은 이 기적으로 희미하게나마 예수님의 정체를 깨달았다. 분명한 것은 예수님을 통해 거룩하신 하나님을 경험했다는 것이다. 거룩의 빛 앞에 자신을 조명했다. 그래서 만선을 이룬 어부가 아니라, 한 죄인으로 하나님 앞에 서게 되었다. 마침내 베드로는 이렇게 말할 수밖에 없었다.

> 시몬 베드로가 이를 보고 예수의 무릎 아래에 엎드려 이르되 주여 나를 떠나소서 나는 죄인이로소이다 하니(눅 5:8).

그 순간만큼 베드로는 어부가 아니었다. 어부라는 겉옷이 완전히 벗겨졌고, 자신의 실체를 깨닫게 되었다. 거룩하신 하나님 앞에 무릎을 꿇을 수밖에 없는, 하나님과 함께할 수 없는, 구원이 아닌 심판을 기다려야만 하는, 자신은 그저 '죄인'이었다.

빛이 들추어 낸 내 안의 죄

"너 자신을 알라"라는 시대의 금언과 달리, 성경은 "하나님을 알라"라고 한다. 하나님을 아는 지식에서 사람의 존재와 목적을 정확히 알 수 있기 때문이다. 북이스라엘이 저주와 속임, 살인과 도둑질, 간음을 일삼을 때 성경은 그 원인을 '하나님을 아는 지식의 부재'라고 말한다(호 4:1). 나 자신을 제대로 알고 바른 목적을 가지고 살려면 하나님을 알아야 한다는 것이다. 그래서 칼뱅(John Calvin)은 「기독교강요」 1권 1장 1절에서 다음과 같이 말한다.

> 궁극적으로 참되고 견실한 지혜로 여겨질 만한 우리 지혜의 요체 거의 전부는 하나님을 아는 지식과 우리 자신을 아는 지식, 두 부분으로 이루어진다. 그러나 이 둘은 많은 고리로 이어져 있어 무엇이 다른 것에 앞서며 무엇이 다른 것을 낳는지 분별하기가 쉽지 않다.

"나는 누구인가?"라는 질문을 피할 수 없는 우리에게, 하나님 앞에 서라고 예수님은 말씀하신다. 우리는 창조주이신 하나님의 피조물이기에, 거룩의 빛 아래에서 우리 실체가 보이기에 그렇다. 베드로가 하나님 앞에 서자 자신이 '죄인'임을 깨닫게 된 것처럼 말이다.

죄인이라는 말은 누구에게나 유쾌하지 않다. 대부분 법을 잘 지키는 선량한 시민으로 살 텐데, 죄인이라는 말을 어떻게 순순히 인정할 수 있을까? 그러나 하나님 앞에 서면 불가항력적으로 자신을 죄인이라 인정하게 된다. 하나님의 영광에 이르지 못하고, 하나님과 대적하며 불순종해 온 스스로를 발견하게 된다. 하나님의 보좌 앞에 나아갈 수 없고, 교제할 수도 없는 존재라 시인한다. 그리고 절망하게 된다. 하나님의 임재 앞에 "화로다 나여 망하게 되었도다"라고 울부짖었던 이사야처럼(사 6:5).

대부분의 대중목욕탕은 어둑어둑하다. 이러한 환경이 탕 내부를 깨끗하고 쾌적하게 보이도록 한다. 탕 안에 보글보글 피어오르는 물거품까지 있으면 깨끗한 수질이라 확신하게 만든다. 그러다 어느 날, 나는 충격적인 장면을 보고야 말았다. 빛줄기 하나가 창문 틈을 비집고 들어와 탕 안에 있는 물을 내리쬐었다. 그러자 탕 안에 둥둥 떠다니는 더러운 때가 훤히 보이는 게 아닌가. 그런 물에서 잠수도 하고 세수도 했던 기억이 스치며 갑자기 속이 거북해졌다.

어둑한 목욕탕을 깨끗하다고 착각하듯이, 우리도 스스로가 깨끗하다고 착각한다. 경찰서 한 번 가지 않았기에 이 정도면 모범 시민이라고 생각한다. 오히려 불의한 세상을 신랄하게 비판하며, 자신의 결백을 주장한다. 그러나 하나님의 거룩한 빛 아래 있어 보라. 빛 아래 둥둥 떠다니는 때가 발각되듯, 세상의 법, 윤리, 도덕, 상식이 나에게서 찾아 내지 못한 추악한 죄가 드러나게 될 것이다.

그래서 베드로는 즉각 '죄인'이라 고백한 것이다. 이 고백은 곧 '자기 부인'이었다. 이전에는 어부로서 자기 능력에 기대어 살았다면, 이제는 하나님 앞에서 자신은 아무것도 아님을, 소망도 없고, 심판의 칼날을 피할 수 없는 존재임을 깨달은 것이다. 기적을 베푸시는 예수님을 만났지만, 오물 같은 죄가 덕지덕지 있는 자로서 그분에게 "나와 함께해 주십시오. 나를 안아 주십시오"라고 감히 말할 수 없었다. 베드로는 두려워하며 간청할 뿐이었다. "나를 떠나소서."

죄가 발각되고 난 후, 나를 부정하고 포기하면 사실상 끝난 것이다. 그러나 베드로는 그런 결말을 맞이하지 않았다. 예수님이 떠나시거나 천벌을 내리시지 않았다. 베드로는 "나는 죄인입니다. 나는 아무것도 아닙니다"라는 철저한 자기 부인으로 자신을 새롭게 인식하며 정의했다. 그리고 자신을 가로막았던 그릇된 자아가 제거되고 그곳에 예수님이 자리하기 시작했다. 예수님과의 만남으로 자신이 구원이 필요한 존재라는 사실, 하나님 앞에 무릎 꿇고 순복해야 할 존재라는 사실을 정확히 깨닫게 되었다. 이 사실은 세상의 그 어떤 학문과 검사로는 발견될 수 없다.

"나는 죄인입니다"라는 고백은 우리를 복음으로 강력하게 이끈다. 이 고백을 한다고 심판의 구렁텅이로 떨어지게 되는 것이 아니다. 베드로는 이 자기 인식과 고백으로 하나님과 멀어진 것이 아니라, 도리어 가까워졌다. 복음은 죄를 발견하게 하고 하나님을 두렵게도 만들지만, 그것으로 끝나지 않는다. 하나님의 사랑을 발견하고, 그 하나님을 사랑하게 만든다. 게다가 자기를 포기하고 부정한 인생에 영광스러운 사명까지 허락하신다. 그래서 베드로가 얻은 것은 배에 가득 채운 물고기가 아니라 복음과 사명이었다. 이것이 텅 빈 그의 인생을 가득 채웠다.

자기 부인으로 주어지는 영광스러운 사명

베드로는 죄를 고백하며, 자기를 부정했다. 모든 것이 끝난 것처럼 보였으나, 그에게는 또 다른 '시작'이 기다리고 있었다. 무릎을 꿇고 울며 떨고 있는 그에게 예수님이 말씀하셨다.

> 시몬에게 이르시되 무서워하지 말라 이제 후로는 네가 사람을 취하리라(눅 5:10).

예수님은 베드로의 두려운 마음을 달래 주시면서 그에게 사람을 취하라는 사명을 선언하신다. 그것은 복음을 전하고 제자 삼으라는 위대한 사명이었다! 오랜 세월 스스로를 어부라 정의해 온 그에게, 새로운 정체성과 사명을 알려 주셨다. 그렇게 그는 예수님의 선언대로 새로운 삶을 살아갔다.

정확한 진단이 온전한 치료로 이어진다. 내가 누구인지 정확히 알 때 인생의 목적과 방향이 또렷해진다. 죄인이라는 신분을 알 때 하나님 앞에 무릎 꿇고 은혜를 구하게 된다. 그 은혜 안에는 구원뿐 아니라 인생의 목적도 담겨 있다. 베드로는 이런 과정을 지나면서 평생 붙들고 감당해야 할 사명을 찾았다.

칼뱅은 「기독교강요」 3권 7장 2절에서 "여호와를 기쁘시게 하는 길은 당신이 자기를 부인하고 당신의 이성을 지워 낸 후 여호와가 당신에게 요구하시는 것들을 마음을 다해 구하는 데 있다"고 말했다. 베드로가 자신을 부정한 순간 하나님이 그 자리에 임하셨다. 그리고 그의 삶에 변혁이 일어났다. 그저 물고기를 잡으며 생계만 해결하던 어부가 아니라 하나님 나라를 위해 일하는, 영혼을 주님에게로 인도하는 사명자로 살게 된 것이다!

인생의 의미와 목적을 알고 싶지 않은 사람은 없다. 그래서 철학을 탐구하거나 MBTI 검사를 받아 보기도 하며, 심지어 점집을 찾기도 한다. 나를 해부하고 더 정확히 알아 지금보다 나은 삶을 살고 싶은 것이다. 실수와 위험을 피해서 타인에게 공감과 사랑도 받고 싶은 것이다. 그러나 안타깝게도 이러한 노력들은 인간의 본질을 파고 들지는 못한다. 수박 겉핥기로 끝나거나 심지어 오류를 떠안기도 한다. 분명한 것은, 알파벳 몇 글자로 하나님의 작품인 우리를 단정할 수 없다는 것이다. 나와 타인의 일부를 이해하는 참고 자료는 될 수 있겠지만, 결코 그것이 우리 인생을 정의할 수도, 규정할 수도 없다.

'나는 누구인가'라는 피할 수 없는 질문 앞에서, 우리에게 필요한 것은 당장 내 삶을 더 많이 채우기 위해 그물을 던지는 것이 아니라 "주여, 나는 죄인입니다"라는 자기 부인이다. 그러면 텅 빈 인생이 예수님과 복음으로 채워지기 시작할 것이다. 그리고 자기 부인이 진정한 자기 긍정으로 뻗어 나갈 것이다. 결국 고기잡이와는 비교할 수 없는 영광스러운 복음과 사명을 얻게 될 것이다. 유일하고 참된 인생의 목적을 얻게 되면 우리는 더 이상 방황 없이, 지체 없이, 올곧게, 게다가 재미있게 살아갈 것이다.

너와 나의 플렉스 점검하기

| 질문에 답하며 자신을 돌아보고, 진정한 플렉스를 위한 다짐을 나누어 봅시다. |

1. 각자 자신의 MBTI를 소개하고, 여기에 자신이 얼마나 부합하는지 나누어 봅시다. 또한 최근 MBTI가 유행하는 이유와 MBTI의 장점과 단점을 말해 봅시다.

2. 밤새 수고했지만 물고기를 한 마리도 잡지 못한 '어부', 베드로는 어떤 심정이었을까요? 혹시 여러분에게도 오랜 시간 수고했지만 아무런 소득 없이 실패한 경험이 있습니까?

3. 예수님이 기적을 베푸셔서 베드로는 만선의 기쁨을 얻었습니다. 이후 베드로는 "나는 죄인입니다"라고 고백하며 자기를 부인합니다. 그는 왜 그런 고백을 했나요?

4. 여러분은 언제 예수님을 만났으며, 그때 어떤 고백을 드렸습니까? 그리고 예수님을 만난 후, 삶의 목적이 어떻게 달라졌나요?

Ch. 3 행복한 결핍투성이들

[12] 예수께서 한 동네에 계실 때에 온몸에 나병 들린 사람이 있어 예수를 보고 엎드려 구하여 이르되 주여 원하시면 나를 깨끗하게 하실 수 있나이다 하니 [13] 예수께서 손을 내밀어 그에게 대시며 이르시되 내가 원하노니 깨끗함을 받으라 하신대 나병이 곧 떠나니라 [14] 예수께서 그를 경고하시되 아무에게도 이르지 말고 가서 제사장에게 네 몸을 보이고 또 네가 깨끗하게 됨으로 인하여 모세가 명한 대로 예물을 드려 그들에게 입증하라 하셨더니 [15] 예수의 소문이 더욱 퍼지매 수많은 무리가 말씀도 듣고 자기 병도 고침을 받고자 하여 모여 오되 [16] 예수는 물러가사 한적한 곳에서 기도하시니라.

_눅 5:12-16

나환자의 진짜 고통

"저는 왜 가난한가요?"

초등학교 3학년 때 내가 던진 질문이었다. 누구에게 했는지, 이후에 어떤 답을 얻었는지는 기억나지 않는다. 그러나 이 질문을 하게 된 상황은 지금도 또렷이 기억한다. 어린 시절 가난을 체감했고, 가난이 주는 불편함과 열등감이 내 삶에 번져 나갔다. 가난이 너무 싫었고 부끄러웠다. 무엇보다도, 예수님을 믿고 그분을 위해 살고 있는데도 가난이라는 족쇄에서 벗어나지 못하는 현실이 납득되지 않았고, 이것은 나를 더 비참하게 만들었다. 가난의 이유를 묻는 질문에 딱히 답을 얻지 못하자, 내가 내린 결론은 고작 이러했다. "내가 불행한 이유는 가난해서야! 가난에서 벗어나야만 나는 행복해질 수 있어!"

이런 불행의 이유 하나쯤 없는 인생이 어디 있을까. 지금껏 살아 보고 목회를 경험해 보니 순탄하기만 한 인생은 없었다. 겉보기에는 형통해 보일 수 있다. 우리의 흔한 친구들, 옆집 사람들처럼 말이다. 그러나 우리가 부러워하는 인생일지라도, 그 인생을 자세히 들여다보면 저마다의 불행에 시달리고 있다. 더위와 추위, 바람과 폭우를 벗어나는 나무가 없듯이, 어느 인생도 고통스러운 불행을 피할 수 없다. 가장 안락하고 안전했던 엄마의 배 속을 울음과 함께 떠나면서 고통이 시작되는 것이다.

타인을 부러워할 필요 없다. 우리가 부러워하는 사람도 인생의 무게를 힘겹게 짊어지고 있다. 만약 이 말이 의심된다면, 마냥 행복해 보여 부러운 사람에게 "당신 참 행복해 보여서 부럽네요!"라고 말해 보라. 깊은 한숨과 함께 몇 날 며칠을 들어도 모자랄 고난의 대서사를 듣게 될 것이다.

인생은 왜 이렇게 되었을까? 대개 사람들은 불행의 원인을 '결핍'에서 찾는다. 내가 어릴 적 가난해서 불행하다고 생각했듯이, 사람들은 건강, 지식, 돈 등과 같이 자신에게 없는 것들을 떠올리며, 그 결핍이 인생을 힘들게 한다고 단정 짓는다. 그래서 부족한 것을 채우려고 끙끙대며 산다. 그런데 실제로 각고의 노력으로 모든 것을 채워 완벽한 행복을 성취한 사람이 있을까? 안타깝지만 그런 사람은 없다. 깨진 독에 물 붓는 것처럼 아무리 채워도 충족되지 않는 게 우리 인생이다.

성경은 불행의 이유를 '죄'라 말한다. 인생의 결핍은 피상일 뿐 본질은 '죄'다. 죄 때문에 우리 인생이 깨지고 어그러졌다는 것이다. 인류의 대표였던 아담을 보라. 그는 하나님 앞에서 불순종으로 범죄한 이후 땀과 눈물, 피가 마를 날이 없었다. 지금 우리가 겪고 있는 인생처럼. 그러나 죄를 지은 그가 맞이한 끔찍한 결과는 따로 있었다. 바로 하나님과의 '단절'이었다.

죄 짓기 전 아담과 하와는 하나님과 충만한 관계를 누리고 있었다. 나를 닮은 자식을 보며 미소 짓듯이 하나님은 당신의 형상을 본뜬 인간을 보며 기뻐하시고 사랑하셨다. 그들은 하나님의 무한한 애정을 독차지했다. 그런 그들이 범죄했다. 죄로 물든 그들은 더는 하나님과 함께할 수 없었고, 그 결과 하나님이 거니시는 동산에서 쫓겨나야만 했다. 하나님과의 관계가 단절된 것이다. 하나님의 충만한 영광과 생명을 누리던 자가 이제는 그 근처에도 가지 못하는 존재로 전락한 것이다. 그것이 죄인인 아담에게, 그리고 지금 우리에게 닥친 최고의 비극이다. 모태에서 분리된 이후 울기 시작하는 아이처럼, 인간은 하나님에게 쫓겨난 이후 눈물 젖은 인생을 살아야 했다.

본문 말씀에 한 나환자가 등장한다. 그의 삶이 어땠을까 상상해 보자. 얼굴에 울긋불긋한 염증이 돋아 있고, 몸 곳곳은 짓물렀거나 살점이 떨어져 나갔을 것이다. 하루가 다르게 몸은 괴이하게 변해 가서 타인의 눈살을 찌푸리게 했으며, 가는 곳마다 불쾌감을 주는 고약한 냄새까지 풍겼을 것이다. 주변 사람들은 그를 역겨워했을 것이고, 본인도 어딘가에 비친 자신의 모습을 바라볼 때마다 사랑도 동정도 아닌 혐오를 퍼부었을 것이다. 가망도 쓸모도 없는, 송장과 다름없이 버려진 존재였을 것이다. 그렇게 그는 음지에서 쓸쓸히 통곡하며 죽음만이 유일한 구원이라고 믿고 있었을 것이다. 그런데 그는 단순히 나병이라는 질병 때문에 고통받았던 것이 아니다. 육신의 고통은 그가 겪는 불행의 전부가 아니었다.

30년 가까이 나환자를 돕고 섬겨 온 오동찬 국립소록도병원 의료 부장이 〈세상을 바꾸는 시간, 15분〉(CBS)에 출연한 적이 있다. 그는 나환자들의 슬픔을 전하면서, 청중에게 이런 질문을 던졌다.

> 여러분 중에 병에 걸렸다고 집에서 쫓겨나 보신 분 손들어 보세요. 질병 때문에 학교에서 쫓겨난 경험이 있는 분 손들어 보세요.

이 질문에 손을 든 청중은 한 명도 없었다. 이런 일은 있을 수도 없고, 있어서도 안 되기 때문이다. 그러나 나환자들은 이런 일들을 비일비재하게 겪었다. 나환자의 고통은 '추방'과 '버림'이었다. 나환자는 식당이나 미용실에서조차 거절당하고, 심지어 조롱과 유린을 당하기도 한다. 실례로, 1995년 대구 개구리 소년 실종 사건이 발생했을 때, 대구 옆 칠곡에 거주하던 나환자들이 소년들을 잡아먹었다는 괴소문이 돌기도 했다.

나환자는 단순히 질병만으로 괴로워하지 않았다. 그가 가장 힘들고 두려웠던 것은 가족과 이웃, 공동체로부터 버려지는 것이었다. 마치 하나님에게 쫓겨난 후 우리에게 저주가 가득한 인생이 시작되었듯이 말이다.

단절된 진영 밖의 나환자들

성경에서 말하는 '나병'은 우리가 흔히 아는 '한센병'만을 가리키지 않는다. 피부가 심각하게 훼손될 뿐만 아니라 강력한 전염성까지 지닌 파괴적인 피부 질환을 모두 가리킨다.

나병은 크게 두 가지 특징이 있다. 첫째, 피부가 흉측하고 혐오스럽다는 것이다. 사람은 겉모습이 예쁜 사람과 사물에 본능적으로 끌리며, 호감과 매력을 느끼기 마련이다. 자연스럽게 같이 있고 싶은 욕구가 샘솟는다. 예쁘게 만든 물건일수록 고가인 데는 이유가 있다. 예쁜 물건은 비싸도 소장하고 싶기 때문이다. 그런데 나병은 살이 짓물러 떨어져 나가고, 고약한 냄새까지 풍긴다. 나병에 걸린 미리암의 묘사를 빌리면 나환자는 "살이 반이나 썩어 모태로부터 죽어서 나온 자" 같았다(민 12:12). 나환자는 가족, 이웃들에게도 기피 대상이었다. 사람은 더럽고 추한 것을 질색하기에 어쩌면 이는 지극히 정상적인 반응이었다.

둘째, 전염성이 강하다는 것이다. 물론 나병의 전염성에는 과한 오해와 왜곡이 있지만 성경이 나병이라는 피부병을 말할 때는 강한 전염성을 내포하고 있다. 전염성은 곧 파괴성을 뜻한다. 작은 바이러스 하나가 개인뿐 아니라 가족, 이웃, 사회, 지역, 나라를 통째로 집어삼킨다는 사실은 인류가 익히 경험해 온 바다. 수많은 전염병 앞에서 인간의 무능을 절감했고, 그래서 민감하게 반응해 왔다. 한 개인 때문에 다수를 잃을 수는 없는 노릇이니까.

혐오스러우면서 강한 전염성까지 지닌 이 피부병 환자를 당시 유대 사회는 용인할 수 없었다. 지금이야 의학 기술과 여러 시설로 적극 대응하겠지만, 고대 사회는 이를 당해 낼 재간이 없었다. 오로지 한 가지 규례로 대응했다.

> 나병 환자는 옷을 찢고 머리를 풀며 윗입술을 가리고 외치기를 부정하다 부정하다 할 것이요 병 있는 날 동안은 늘 부정할 것이라 그가 부정한즉 혼자 살되 진영 밖에서 살지니라(레 13:45, 46).

먼저는 "부정하다 부정하다" 외치며 자신의 피부병을 적극적으로 알리게 한다. 다가오지 말고 멀리 떨어지라는 신호다. 이후에 모든 직무에서 제외된 후 진영 밖으로 추방당한다. 그렇다. 그들이 할 수 있는 최선이자, 최고의 대응은 '격리'와 '단절'이었다. 환자에게 더 절망스러운 것은 이러한 격리가 치료가 아닌 공동체 보존에 목적을 두고 있다는 사실이다.

이렇게 나환자들이 겪는 고통의 시작은 '단절'이었다. 인생은 혼자 있어도 힘들고, 함께 있어도 힘들다. 그래도 혼자서는 도저히 인생을 살아갈 수 없다. 둘이 있는 사회, 한 몸이 되는 연합이 있을 때 그나마 살맛 나고, 살 만하다.

나는 아버지가 목회자여서 어릴 때 이사를 참 많이 다녔다. 전학도 많이 했다. 초등학교는 세 곳을 다녔고, 중학교는 친구가 한 명도 없는 학교에 배정받기도 했다. 그래서 지금까지도 생생한, 아픈 기억이 있다. 전학 간 학교에서의 첫 쉬는 시간, 그리고 첫 점심시간에 모두가 왁자지껄 떠드는데 홀로 적막함 속에 있어야 했다. 수업을 마치는 종이 울리면 두려워졌다. 또 혼자 있어야 했기 때문이다. 지금이야 혼자 있는 상황이 전혀 두렵지 않지만, 그 당시에는 매우 힘들었다. 그때를 되돌아보면 쓸쓸함, 외로움은 단순히 스쳐 지나가는 '감정'이 아니었다. 온몸을 짓누르는, 아직도 상흔이 있어 다시는 겪고 싶지 않은 '고통'이었다. '고독'이 '죽음'을 재촉하는 것은 이상한 일이 아니다. 나환자는 오죽했을까? 가족과 공동체로부터 단절된 채 진영 밖에서 외로움과 쓸쓸함이라는 고통에 매일 신음하며 통곡했을 것이다.

그리고 나환자의 처지는 인간이 처한 영적 상태를 고스란히 보여 준다. 나병은 흉측하고 추악한, 전염성과 파괴성을 지닌 '죄'와 닮았다. 그런 죄를 덕지덕지 지녔기에 인간은 거룩하고 아름다우신 하나님과 감히 함께할 수 없다. 그래서 나환자가 진영 밖으로 추방되었듯이 인간도 하나님에게서 쫓겨난 것이다. 하나님의 형상으로 지음받아 부여받은 모든 의무와 지위, 특권을 박탈당하고, 진노의 자녀로 전락했다. 진영 밖으로 쫓겨난 나환자는 하나님과 함께할 수 없는 인간의 모습을 담고 있는 것이다.

나환자를 향한 예수님의 반응

단절과 분리, 소외라는 고통을 떠안고 있는 나환자는 예수님이 한 동네에 계신다는 소식을 접한다. 율법에 따라 그는 군중이 있는 곳에 출입할 수 없었다. 그러나 그는 적극적으로 예수님을 찾아간다.

나환자는 예수님을 만나자마자 납작 엎드린 후 이렇게 간청한다. "주여 원하시면 나를 깨끗하게 하실 수 있나이다"(눅 5:13). 그의 엎드림은 나환자라는 처지에 주눅 들어 억지로 한 행동이 아니었다. "주여"라고 외치면서 희미하게나마 예수님을 구원자라고 확신한 '경배의 엎드림'이었다. 구원자를 만난 '환희의 엎드림'이었다. 세상 모두는 나를 격리하기에 급급하지만, 예수님은 그런 나를 기쁘게 받아 주실 거라는 '확신의 엎드림'이었다. 그래서 그는 주님이 꼭 하실 수 있으리라고 과감하게 외칠 수 있었다.

나환자가 예수님에게 적극적으로 나아가 엎드렸듯이, 우리도 이러한 신앙의 모습이 필요하다. 우리에게도 나병과 같은 더러운 죄가 있기 때문이다. 그래서 우리도 거룩하신 예수님에게 자발적으로 나아가 경배하며 엎드려야 한다. 죄라는 불행의 근원에서 건져 주실 구원자 예수님을 환희하며 그분 앞에 엎드려야 한다. 몹시 더럽고 추악해서 영벌을 받아도 핑계치 못할 우리를, 예수님은 버리지 않고 안아 주신다고 확신하며 엎드려야 한다. 이러한 간절하고도 진실한, 기쁨 있는 엎드림으로 예수님에게 나아와 매달려야 한다. 우리는 예수님이 아니면 더 이상 소망이 없기 때문이다.

앞으로 나아온 나환자에게, 주님은 어떻게 반응하셨는가? 흉측한 몰골에 놀라 까무러치셨는가? 전염될까 염려하며 멀리하셨는가? 전혀 아니다. 피하지 않으시고, 오히려 다가가 손을 내밀어 그에게 대셨다(눅 5:13). 문득 이런 생각이 들었다. '나환자는 따스한 체온이 담긴 부드러운 손길을 얼마 만에 느껴 봤을까?'

예수님이 나환자에게 손을 내미셨다는 것에는 특별한 의미가 있다. 사람의 감정과 의지, 정신을 가장 잘 표현할 수 있는 신체 부위는 '손'이다. 손만큼 감정을 섬세하게 표현할 수 있는 신체 부위는 없다. 그래서 위로나 격려, 애정을 표현할 때 손을 많이 사용한다. 내가 힘겨워할 때 누군가가 내 어깨에 손을 올려 토닥여 주는, 내 머리를 쓰다듬어 주는, 말 한마디 없이 묵묵히 내 손을 잡아 주는 상상을 해 보라. 공포, 설움, 아픔 같은 무거운 감정들이 금세 정리된다. 이것이 손이 가진 독특한 힘이다.

그동안 나환자에게 타인의 손은 '넌 흉측해!'라는 조롱의 손이었다. '저리로 사라져!'라는 핍박의 손이었다. '우리와 함께할 수 없어!'라는 배제의 손이었다. 그러나 예수님은 나환자에게 따스한 사랑과 자비가 담긴 손을 내미셨다. 혐오스러운 피부에 놀라지 않으셨고, 전염될까 두려워하지도 않으셨다. 선생으로 율법을 운운하며 더러운 환자를 배제하고 거리를 두셔도 문제없었을 텐데 절대 그러지 않으셨다. 오히려 온기가 깃든 손길을 내미시면서 적극적으로 사랑을 표하셨다. 말과 혀로만 사랑하는 것이 아니라 행함과 진실함으로(요 3:18), 두려움 없는 온전한 사랑(요일 4:18)을 보여 주셨다. 그리고 그 사랑의 손으로 나병을 떠나게 하셨다.

누군가는 나환자에게 손 내미시는 예수님을 향해 율법을 어겼다고 힐난할 수 있다. 그러나 정결과 사랑은 충돌되지 않는다. 그들은 격리로 정결을 지켰지만, 예수님은 사랑으로 정결을 지키셨다. 나병이 깨끗하게 나았기에 예수님을 율법을 어긴 자로 볼 것이 아니라 율법의 완성자로 보아야 한다. 사랑으로 율법을 완성하신 것이다!

예수님이 나환자의 부정에 친히 손 내밀어 접촉하시고 치유하신 사건은, 십자가 죽음으로 우리를 구속하신 사건으로 완성된다. 예수님은 거룩하신 하나님이다. 죄도 흠도 없는 분이다. 그런 분이 추악하고 파괴적인 저주가 그득한 십자가에 화목 제물로 못 박혀 죽으셨다. 십자가에서 우리의 더러운 죄와 우리가 받아야 할 저주를 끌어안으시고, 우리에게 당신의 의와 생명과 거룩을 덧입혀 주셨다. 예수님의 손이 닿아 나환자가 깨끗하게 되었듯이 말이다. 김경열 교수가 「레위기의 신학과 해석」(새물결플러스)에서 말했듯, "거룩하신 예수 그리스도께서 부정한 우리에게 다가오실 때 우리 죄는 사라지고 그분의 속성에 따라 우리 역시 거룩해진다. 이것이 우리가 얻은 구원의 실체이다."

하나님처럼 되고자 하는 교만으로 하나님을 떠난 우리다. 불행한 인생에서도 정신 못 차리고 예수님이 아닌 엉뚱한 곳을 배회하며 빌어먹던 우리다. 그래서 결국 스스로 해결할 수 없는 죄로 신음하고 눈물 흘리며, 죄에서 터져 나오는 온갖 결핍에 시달리는 우리다. 그런 우리에게 예수님이 친히 찾아오셨다. 우리가 먼저 사랑하지도, 찾지도 않았다. “하나님이 우리를 사랑하사” 구원자 예수님을 보내 주신 것이다(요일 4:10). 그렇게 하늘 보좌를 버리고 이 땅에 오셔서 시간과 육신 속에 자신을 제한하신 예수님은, 우리의 눈물과 땀을 닦아 주셨고, 때로는 우리와 함께 우셨다. 세상도 나도 온전히 사랑할 수 없는 죄악 되고 결핍투성이인 나를 꽉 안아 주시며 사랑해 주셨다.

진 밖에서 진 안으로

예수님의 손길로 깨끗하게 치유받고 정결해진 나환자에게 이제 마지막으로 남은 절차가 있었다.

> 예수께서 그를 경고하시되 아무에게도 이르지 말고 가서 제사장에게 네 몸을 보이고 또 네가 깨끗하게 됨으로 인하여 모세가 명한 대로 예물을 드려 그들에게 입증하라 하셨더니(눅 5:14).

완벽하게 치유받았으니, 이제는 율법에 따라 제사장에게 깨끗한 몸을 보이고, 완치를 입증받는 것이다. 이 절차를 마무리하면 그는 진 밖에서 다시 진 안으로 복귀하게 된다. 나환자는 분명히 이 모든 절차를 마치고, 원래 살던 마을, 그리운 가족의 품으로 뛰어갔을 것이다. 부모, 형제와 얼싸 안으며 이전의 신분이 회복되었음을 경험했을 것이다. 나아가 사회의 일원으로 맡은 역할에 참여하며, 이웃과 더불어 교제를 누렸을 것이다. 파괴되었던 모든 관계와 일상이 회복되었을 것이다.

나환자가 진 밖에서 진 안으로 들어가는 회복이 있었듯이, 예수님의 십자가 죽음으로 우리도 영광스러운 회복을 맞이할 수 있었다. 화목 제물이신 예수님의 죽음이 하나님과 우리의 단절된 관계를 단번에 화목한 관계로 바꾸었다. 이것은 오직 하나님의 사랑과 예수님의 공로로 주어진 은혜다. 하나님과의 단절로 해결할 수 없는 고통에 시달리던 우리를, 여전히 불의한 우리를 예수님의 십자가 보혈로 덮으셔서 하나님에게 어여쁘고 의로운 존재가 되게 하셨다. 이것이 복음이다!

그런데 이 복음이 말하는 화목은 단순히 화해 수준이 아니다. 지난날의 잘못을 청산하며 "그래, 다시는 죄 짓지 말아라", "다음에는 웃으면서 보자"가 아니라는 말이다. 단순히 관계, 지위가 회복된 것이 아니다. 아담보다 영광스러운 '신분'까지 주신 것이다.

무릇 하나님의 영으로 인도함을 받는 사람은 곧 하나님의 아들이라(롬 8:14).

그렇다. 예수님에게만 주어졌던 아들의 신분을 우리에게도 주셨고, 예수님이 하나님을 부르실 때 사용했던 '아버지'라는 친밀한 호칭을 우리에게도 허락하셨다. 그렇게 우리를 하나님의 자녀로 삼아 주셨다. 우리는 하나님을 아버지라 부르고, 믿고, 따르는 자녀, 하늘의 복락을 소유하고 누리는 상속자, 은혜의 보좌 앞에 언제든 나아갈 수 있는 어여쁜 자가 되었다. 나환자가 진 밖에 있듯 우리도 하나님 밖에 있었다. 이제는 나환자가 진 안으로 들어왔듯 우리도 하나님 품에서 하나님을 '아버지'라 부를 수 있게 된 것이다. 불행의 근원을 뿌리 뽑으셨고 더 큰 영광을 부여해 주신 것이다.

마틴 로이드 존스(David Martyn Lloyd-Jones)는 「로마서강해」 5(CLC)에서 로마서 8장 양자 교리를 강해하며 이렇게 갈무리한다.

> 세상에서 가장 비천한 그리스도인이라 할지라도 그는 '하나님의 아들'입니다. 여러분이 머리를 들고 주위를 살펴보며 세상을 있는 그대로 보시기 바랍니다. 그리고 그것을 바라보되, 하나님의 가정에 속한 하나님의 한 자녀라는 입장에서 바라보아야 한다는 것을 잊지 마십시오. 그러면 여러분은 결코 절망하지 않을 것이며, 당황과 공포와 놀람을 알지 못할 것입니다.

더 이상 우리는 진 밖에, 하나님 밖에 있는 자가 아니다. 하나님과의 관계가 회복되었으며, 영광스러운 자녀의 신분까지 받게 되었다. '죄'의 문제가 해결되었고, 하나님이 우리 아버지이기에, 절망, 당황, 공포, 놀람은 이제 우리 인생과는 어울리지 않는다. 이전의 나를 끊임없이 괴롭히며 고통으로 몰아넣던 비참한 결핍도 죄와 죽음을 이긴 십자가 사랑으로 극복할 수 있게 되었다. 그 십자가 사랑이 우리 존재의 가치를 새롭게 정의하였다. 하나님 아버지의 사랑을 독차지하는 '하나님의 존귀한 자녀'로 말이다.

나환자를 불행하게 했던 결핍은 질병이 아닌 단절이었다. 우리도 마찬가지다. 가난, 질병, 불화, 재해 같은 고난은 불행의 본질이 아니다. 불순종이라는 추악한 죄로 하나님과의 단절된 관계가 우리로 이토록 힘겨운 인생을 살게 하는 것이다. 하나님은 그런 우리에게 예수님을 보내셨고, 죄와 결핍으로 얼룩진 우리를 십자가 사랑으로 끌어안으셨다. 그 은혜와 사랑으로 나환자가 진 안에 있는 공동체로 들어와 지위가 회복되었듯이, 우리는 하나님 안으로 들어가 하나님의 자녀로 영광스러운 신분이 되었다.

그러하기에 결핍투성이 인생이라 하더라도 불행하지 않다. 그 결핍에 시달리지도 않는다. 우리 모습 그대로를 끌어안는, 결핍을 뿌리째 뽑는 십자가 사랑을 받았기 때문이다. 사랑받고 자란 사람은 이른바 때깔이, 겉으로 풍기는 향기가 다르다. 이 세상에 예수님 사랑보다 크고 위대한 사랑은 없다. 그리고 그 사랑을 받은 우리는 인생의 결핍이 하나씩 사라져, 어느새 사랑받는 자답게, 티도 그늘도 부족함도 없는 인생을 살고 있을 것이다.

너와 나의 플렉스 점검하기

| 질문에 답하며 자신을 돌아보고, 진정한 플렉스를 위한 다짐을 나누어 봅시다. |

1. 공동체, 가족, 이웃 등 사람들과의 관계에서 소외된 적이 있습니까? 그때 심정이 어땠는지 나누어 봅시다.

2. 나환자가 겪은 고통은 질병이 아니라 '단절'이었습니다. 성경은 나환자를 통해 죄 지은 인간의 영적 상태가 어떠하다고 말해 줍니까?

3. 예수님의 사랑으로 나환자의 몸과 신분이 어떻게 회복되었습니까? 이후 나환자의 삶은 어떻게 달라졌을지 나누어 봅시다.

4. 예수님은 결핍투성이인 우리 모습 그대로를 품으시며 사랑해 주셨습니다. 여러분은 하나님의 자녀가 된 이후 어떠한 결핍이 해결되었습니까? 하나님이 베풀어 주신 사랑과 변화된 삶에 대한 감사와 감격을 나누어 봅시다.

Ch. 4

언더독,

반격을
시작하다

[17] 하루는 가르치실 때에 갈릴리의 각 마을과 유대와 예루살렘에서 온 바리새인과 율법 교사들이 앉았는데 병을 고치는 주의 능력이 예수와 함께 하더라 [18] 한 중풍병자를 사람들이 침상에 메고 와서 예수 앞에 들여놓고자 하였으나 [19] 무리 때문에 메고 들어갈 길을 얻지 못한지라 지붕에 올라가 기와를 벗기고 병자를 침상째 무리 가운데로 예수 앞에 달아 내리니 [20] 예수께서 그들의 믿음을 보시고 이르시되 이 사람아 네 죄 사함을 받았느니라 하시니 [21] 서기관과 바리새인들이 생각하여 이르되 이 신성 모독 하는 자가 누구냐 오직 하나님 외에 누가 능히 죄를 사하겠느냐 [22] 예수께서 그 생각을 아시고 대답하여 이르시되 너희 마음에 무슨 생각을 하느냐 [23] 네 죄 사함을 받았느니라 하는 말과 일어나 걸어가라 하는 말이 어느 것이 쉽겠느냐 [24] 그러나 인자가 땅에서 죄를 사하는 권세가 있는 줄을 너희로 알게 하리라 하시고 중풍병자에게 말씀하시되 내가 네게 이르노니 일어나 네 침상을 가지고 집으로 가라 하시매 [25] 그 사람이 그들 앞에서 곧 일어나 그 누웠던 것을 가지고 하나님께 영광을 돌리며 자기 집으로 돌아가니 [26] 모든 사람이 놀라 하나님께 영광을 돌리며 심히 두려워하여 이르되 오늘 우리가 놀라운 일을 보았다 하니라.

_눅 5:17-26

인생이라는 사각 링

나는 텔레비전으로 격투기 시합 보는 것을 즐겨 한다. 치고받는 싸움과는 어느 정도 무관하게 살았고, 흥미도 없던 내가 격투기 시합에는 매력을 느낀다. 심지어 격투기 시합을 시청하며 인생을 배운다. 링 안에서 격돌하는 두 선수의 모습이 우리가 살아가는 인생과 매우 닮았기 때문이다.

격투기 시합에 임하는 선수는 혹독한 훈련을 받는다. 격투기 선수들의 훈련 영상을 보면 생지옥이 따로 없다. 실전 같은 스파링도 불사하며 전사의 심장과 몸을 준비한다. 그 과정이 지나면 '세상에서 내가 가장 강하다'는 자신감을 충전하게 된다. 마침내 링 안에 오르는 순간 전쟁이 시작된다. 가쁜 숨을 견뎌 내며 끊임없이 움직여야 하고, 상대를 쓰러뜨리기 위해 숱한 공격을 당하고, 막고, 피하면서 돌진해야 한다. 여기서 한 가지 중요한 사실은 아무리 강인한 정신, 체력, 기술을 준비해도 승리를 확신할 수 없다는 것이다.

우리 인생도 마찬가지다. 무탈하고 편안하게, 때로는 성취와 성공도 거머쥐며 살고 싶은 것이 우리 소원이다. 그래서 자기 계발과 관리를 철저히 하고, 신앙도 가지는 것이다. 그러나 살다 보면 이런 준비가 무색해진다. 인생 역시 사각 링이나 다름없기 때문이다. 사람답게 살기 위해, 먹고살기 위해 끊임없이 뛰며 전진해 보지만, 그런 나를 고즈넉한 시선으로 바라보며 방관할 세상이 아니다. 정신을 혼미케 하는 잽(jab)을 소나기처럼 퍼붓다가, 날카로운 스트레이트(straight)로 급소를 찌르며 숨을 조여 오는 게 세상이다. 그러다 맞고만 있는 것이 억울하여, 용기 내어 회심의 일격을 가하면, 세상은 가볍게 피한 뒤 도리어 카운터블로(counterblow)로 치명타를 안겨 준다. 우리가 살아온, 그리고 앞으로 살아갈 인생과 참 많이 닮지 않았는가?

이렇게 우리는 영적으로, 육적으로 만반의 준비를 해도 번번이 세상에 호되게 쥐어 터지기 일쑤다. 이럴 때마다 우리는 어디를 찾는가? 바로 교회다. 교회에 와서 울며불며, 자신을 때린 세상과 현실을 하나님에게 일러바치며 위로를 구한다. 하나님에게 도움을 구하며 마음을 털어놓는 것은 당연하다. 하지만 우려되는 것이 하나 있다. 신앙을 그저 순간의 아픔을 달래는 정도로만 이용하는 것이다. "주님, 나는 연약합니다"라고 찬양하며, 눈물 흘리는 순간의 감정적 위로로 만족하는 것이다. 이러한 신앙은 늘 위태롭다. 예배당 문을 박차고 나가면 우리를 때리는 세상이 여전히 같은 모습으로 기다리고 있기 때문이다.

하나님을 의지하는 신앙은 좋지만, 그 신앙이 나 자신을 유약하게 만들어서는 안 된다. 신앙으로 꿋꿋하고 패기 있는 삶을 살아야 한다. '믿음 장'이라 불리는 히브리서 11장을 보라. 순탄한 인생을 산 믿음의 선진은 단 한 사람도 없다. 그들의 인생은 늘 거칠고 위험했다. 그럼에도 그들은 주저앉지 않았다. 제국이나 권력자 앞에서도 작아지지 않았다. 연약함을 핑계 삼아 숨거나 피하지도 않았다. 대단한 능력이 있거나 천성이 강인해서가 아니었다. 하나님을 믿는 믿음에서 뿜어져 나오는 강함 때문이었다. 든든한 하나님이 계시니 무서울 것이 없었다. 도리어 세상이 그들을 무서워했고, 그들을 도저히 감당하지 못했다.

우리는 어떤 태도로 링과 같이 치열하고 험난한 인생을 살아가고 있는가? 세상이 무서워서 벌벌 떨고 있는가? 매일 사는 게 버겁고 힘들다며 울고 있는가? 과연 나는 믿음의 사람답게 살아가고 있는 생각해 보라.

링 위에 오르다

앞 장에서 우리는 예수님을 만난 베드로와 나환자를 살펴보았다. 베드로는 자기를 부인함으로써 '내가 누구인지', '나는 무엇을 위해 사는지'를 깨달았다. 나환자는 진영 밖에 있던 자였다가 부정한 자를 끌어안으시는 주님의 사랑으로 삶이 회복되었다. 어찌 보면 이것은 우리가 얻은 구원의 여정을 보여 준다. 우리도 베드로와 나환자처럼 예수님을 만나 기적적인 구원을 얻고, 하나님의 자녀로 복된 인생을 살아가게 되었으니 말이다.

그러나 구원은 구원이고, 현실은 현실이다. 예수님을 만났다고 인생이 극적으로 바뀌지는 않는다. 여전히 어렵고, 팍팍한 것이 우리 삶 아니던가. 베드로와 나환자에 이어 등장하는 한 중풍병자의 이야기는 이러한 사실을 잘 보여 준다. 신앙의 여정은 꽃길보다는 가시밭길에 가깝다는 것을.

중풍병에 시달리는 한 사람이 있었다. 중풍병은 몸이 마비되는 질병이다. 그는 꽤 긴 시간을 꼼짝없이 침상에 누워 지내느라 근육과 신경이 무척 쇠약해졌을 것이다. 정신은 온전하였기에 마치 육체라는 감옥에 갇힌 것처럼 매일 무기력하고 우울하게 지냈을 것이다. 그리고 불편한 몸 때문에 항상 주변의 도움이 불가피하다는 사실에 심적으로 무척이나 괴로웠을 것이다. 나환자처럼 격리되지 않아서 다행이지만 본인 때문에 고생하는 주변인들을 보는 것도 견디기 어려웠을 것이다.

한때 나는 '재발성 각막 상피미란'이라는 질병을 앓은 적이 있다. 아침에 눈을 뜨거나 일상생활을 할 때 각막에 계속 상처가 나는 질병이다. 원인과 치료 방법이 확실하지 않아 그저 막막했다. 그동안 건강만큼은 자신했고, 다쳐서 입원 한 번 해 본 적도, 큰 질병을 앓아 본 적도 없어 굉장히 당혹스러웠다. 몸이 아픈 건 아니어서 겉으로는 멀쩡해 보여도, 각막이 계속 찢어지니 아무것도 할 수 없었다. 늘 보호 렌즈를 착용하기 위해 병원을 들락날락해야 했고, 아침에 눈뜰 때마다 각막이 또 찢어질까 봐 불안했다. 그러나 아무것도 하지 않은 채 무기력하게 누워 있을 수만은 없었다. 완치된 사람의 후기를 인터넷에서 샅샅이 뒤졌다. 병원도 많이 알아보았다. 그만큼 절박했다. 이때 나는 육체라는 감옥에 갇혀 꽤 긴 시간 동안 절망했다. 해야 할 일이 산적했지만 눈을 감고 막연한 회복을 기다려야 했다. 그런 나로 인해 주변 사람들도 고생이었다. 감사하게도 지금은 치료되었지만, 그 시절을 회상하면 여전히 괴로운 감정이 밀려온다.

겨우 눈 하나 아파도 그런데 중풍병자의 고통은 오죽할까. 그가 얼마의 세월 동안 질병을 겪었는지 모르지만, 온전한 정신이 마비된 육신에 갇혀 매일 고통에 울부짖었을 테다. 자신 때문에 고생하는 가족과 친구들을 보면 미안함이 사무쳤을 것이다.

이런 상황인 그와 그를 돕는 사람들에게 예수님이 오셨다는 소식이 들려왔다. 복음이었다. 예수님에 대한 확신이 있었고, 예수님에게 나아가고자 하는 확고한 의지도 있었다. 그러나 중풍병자와 그의 친구들 앞에는 수많은 장애물이 놓여 있었다. 온몸이 마비된 환자를 옮겨야 했고, 예수님 앞에 인산인해를 이루고 있는 군중을 뚫고 지나가야 했다. 심지어 그 군중 중에는 까칠하고 고압적인 태도로 정평이 난 바리새인과 율법 교사들도 있었다.

그들은 두들겨 맞을 가능성이 높은 사각 링 위에 가장 초라한 모습으로 올랐다. 그들은 이 현실을 어떠한 태도로 마주했을까? 온몸이 마비된 질병 앞에서, 운집한 군중을 바라보면서, 그저 울었을까? 무기력하게 포기했을까? 다음에 좋은 기회가 올 거라는 기대감으로 마냥 기다렸을까? 아니면 기도만 했을까? 전혀 아니다. 그들은 지체 없이, 쉬지 않고 움직였다. 그것도 담대하게, 창조적으로!

담대하게, 창조적으로

중풍병자와 친구들은 예수님 앞으로 나갈 궁리를 했다. 걱정하거나 좌절하지 않았다. 현실에서 도피하지도 않았다. 복서가 눈을 부릅뜨고 상대의 주먹을 쳐다보며 전진하듯, 그들도 현실을 직시하며 극복할 수 있는 묘책을 강구했다.

성경은 우리 스스로의 강함을 지지하지 않는다. 그렇다고 약하다 말하지 않는다. 하나님을 믿고 그분의 말씀을 따르면 강해진다고 말한다. 잠언은 "지혜 있는 자는 강하고 지식 있는 자는 힘을 더하나니"(24:5)라고 말하고 있다. 잠언의 지혜는 하나님을 향한 경외에서 시작된다. 즉 믿음 있는 자가 지혜 있는 자이고, 그 지혜 있는 자가 힘이 있다는 뜻이다. 그래서 이후 등장하는 16절 말씀은 이렇다. "대저 의인은 일곱 번 넘어질지라도 다시 일어나려니와." 하나님을 경외하는 신앙으로 힘을 얻어서, 넘어지더라도 결코 쓰러지지 않는다는 뜻이다. 반드시 다시 일어난다는 말씀이다.

중풍병자와 그의 친구들은 강인함을 보여 주었다. 숱한 장애물이 가로막고 있었지만 이에 굴하지 않았다. 하나씩 돌파하며 문제를 극복하기 시작했다. 그렇다고 막무가내로 한 것은 아니었다. 그들은 담대했고, 무엇보다도 창조적이었다. 우리는 지금부터 이들이 보여 준 이 두 가지 태도를 하나씩 자세히 살펴볼 것이다.

첫째, '담대함'이다. 성향에 따라 용기 있는 사람도 있고, 겁이 많은 사람도 있다. 여기서 말하고자 하는 담대함은 성향을 뜻하지 않는다. 중풍병자와 친구들은 "병을 고치는 주의 능력"(눅 5:17)에 대한 확신이 있었기에 절망하거나 주저하지 않았다는 뜻이다. 즉, 그리스도인의 담대함은 온 우주에서 가장 강하신 하나님을 믿는 믿음에 근거한 용기다. 믿는 구석이 있으니 겁 없이 달려드는 것이다. 그들의 행동을 보라.

> 한 중풍병자를 사람들이 침상에 메고 와서 예수 앞에 들여놓고자 하였으나(눅 5:18).

중풍병자와 친구들은 예수님에게 가기까지 여러 장애물을 극복해야 했다. 온몸이 마비된, 그래서 상대적으로 무게가 많이 나가는 친구를 메야 했다. 육체적인 피로는 당연했다. 무엇보다 예수님 앞에 밀집된 군중은 가장 큰 두려움이었다. 때로는 수많은 사람이 재앙처럼 느껴질 때가 있다. 지금이 딱 그런 상황이다. 심지어 예수님을 의심하며 어떻게든 트집 잡으려고 자리한, 매우 호전적이고 까칠한 바리새인과 율법 교사도 있었다.

쉽지 않은 상황이었으나 그들은 계획을 바꾸지 않았다. 타협하지도 않았다. 성경을 보라. 주저하는 구석이 하나도 없다. 장애는 인정하되 의지는 꺾이지 않았다. 게다가 무리에 밀려 뒤에서 우두커니 있지도 않았다. 결단하였고 실행하였다. 어떻게 이것이 가능했을까? 그들에게는 예수님에 대한 확신과 믿음이 있었다. 그들이 대단해서가 아니라 예수님의 능력과 치료에 대한 확신에서 나오는 담대함이 있었기 때문에 그렇게 할 수 있다. 죄 사함의 권세가 있는 하나님인 예수님만 바라보고 장애물에 맞선 것이다.

나는 고소 공포증이 있다. 높은 곳에만 올라가면 다리가 후들거린다. 군대 시절, 높은 곳에서 하는 유격 훈련을 받을 때마다 평생 먹을 욕을 다 먹었다. 교회 사역을 하며 사다리 작업을 해야 할 땐, 이 핑계 저 핑계 대면서 도망 다니기에 바빴다. 그런 내가 놀이기구만큼은 참 잘 탄다. 못 타는 기구가 없다. 게다가 정말 즐기면서 탄다. 어떻게 그럴 수 있을까? 안전벨트에 의지하고, 놀이기구의 안전성을 신뢰하기 때문이다. 안전성만 보장되어 있다면 아무리 무서운 놀이기구라도 즐겁게 탈 수 있다. 그렇게 나는 평소에 누리지 못하던 높은 곳의 짜릿함을 맛본다.

그리스도인은 예수님을 믿는 그 믿음에서 용기가 터져 나와야 한다. 세상이 우릴 보면서 '별 볼일 없는데 뭘 믿고 저렇게 당찰까?' 라는 소리를 내뱉어야 한다. 그만큼 담대하고 용기 있는 모습으로 살아가야 한다. 주님의 손을 붙들고, 주님과 동행하며, 주님의 보호를 받는 사람이라면 그 정도는 해야 하지 않을까? 겁먹고 위축된다는 것은 지금 주님을 멀리하고 있거나 의심하고 있다는 증거다. 헤르만 바빙크(Herman Bavinck)는 「믿음의 확실성」(우리시대)에서 의심이라는 질병에 휩싸여 용기 있는 믿음을 상실한 시대를 향하여 이렇게 말한다.

> 믿음의 확실성은 가장 완전한 안식이자, 가장 고상한 정신의 자유다. 그것은 의심에 빠지지 않는다. 그것은 아무리 많은 악마가 쳐들어온다고 할지라도 담대하고 두려움이 없다. 믿음은 오직 하나님만을 경외하며 다른 사람을 두려워하지 않는다. 하늘에 빛나는 태양의 확실성보다 믿음의 확실성이 더 강하다.

아무리 많은 악마, 아무리 강한 고난이 찾아와도 움츠러들지 말아야 한다. 믿음이라는 호수 위에서 평안한 자태를 뽐내야 한다. 우리가 두려워하고 경외하는 분은 하나님뿐이다. 세상과 사람은 두려움의 대상이 아니다. 오늘도 우리는 주님을 믿고, 사랑함으로 담대함을 갖고 장애를 극복해 나가야 한다. 현실을 마주해야 한다. 이사야의 말처럼 내 수염을 뽑고, 뺨을 쳐 대고, 침을 뱉어도 내 얼굴을 가리지 않는 배짱이 있어야 한다(사 50:6).

둘째, '창조성'이다. 그들은 예수님만 믿고 무식하게 덤비거나 무모하게 밀어붙이지 않았다. 어떻게 친구를 안전하게 옮길지, 어떻게 무리를 뚫고 예수님 앞으로 내려다 놓을지 치밀하게 계산하면서 창조성을 발휘했다.

> 무리 때문에 메고 들어갈 길을 얻지 못한지라 지붕에 올라가 기와를 벗기고 병자를 침상째 무리 가운데로 예수 앞에 달아 내리니(눅 5:19).

예수님 앞에 무리가 밀집한 상황은 가관이었을 것이다. 그러니 정면 돌파는 불가능했다. 그들은 지붕을 택했다. 지붕으로 올라갈 수 있는 계단이 있었고, 계단을 이용하여 지붕의 평평한 지점에 올랐을 것이다. 그리고 짚과 진흙이 켜켜이 쌓인 지붕 한쪽을 뜯었을 것이다. 당시 유대 지역의 가옥은 특성상 이 계획을 실행하기에 좋은 조건을 갖추고 있었다. 이렇게 그들은 창의성을 가지고 집요하게 파고들었고, 결국 그 목표를 이루었다. 찰스 스펄전(Charles Haddon Spurgeon)은 이 대목에서 그들이 보여 준 행동을 "거룩한 독창력", "거룩한 창의력"이라 표현하면서, 하나님을 향해 그리스도인들이 이러한 능력을 가져야 한다고 말했다.

창조성은 하나님 외에 인간이 가진 고유한 능력이다. 요셉을 보라. 노예로 팔려 갔던 그는 바로의 꿈을 해몽해 주고, 그 대안으로 세금과 곡물 저장 전략을 제시한다. 애굽이라는 당대 최고의 석학들이 모여 있는 곳에서 하나님의 사람으로서 창조성을 거침없이 발휘했다. 뿐만 아니라 애굽이라는 제국을 위기에서 구해 낸다. 누구나 이런 창조성을 가지고 싶어 하지만 대부분이 자신 안에 있는 이러한 능력을 발견하지 못한다. 창조성은 나와 무관한 소수의 영역이라 판단한다.

하나님은 자신의 형상으로 지은 모든 인간에게, 특히 성령의 영감을 주신 하나님의 사람에게 창조성을 주셨다. 우리는 그 믿음을 가지고 부단히 노력해서 내 안에 있는 창조성을 발견하고 개발해야 한다. 우리는 하나님이 주신 능력으로 기독교인만이 내놓을 수 있는 답들을 세상에 보여 줄 수 있어야 한다. 단순히 나에게 닥친 위기를 돌파하는 것에 그치지 않고, 요셉처럼 세상에까지 유익을 줄 수 있는 기독교인이 되어야 한다.

중풍병자의 친구들이 지붕으로 올라가 기와를 벗기는, 이 창조적인 행동을 기획하고 실행하지 못했다면 어땠을까? 중풍병자는 평생 그렇게 살았을 것이다. 예수님의 기적도 보지 못했을 것이다. 우리는 기억해야 한다. 무슨 문제든 가만히 앉아 기도만 하는 것으로는 절대 해결되지 않는다. '하나님이 일하신다'는 이 고백으로 게으르고 무지한 나를 합리화해서는 안 된다. 생각하고 탐구하며 고민해야 한다. 지금의 문제를 뒤집을 수 있는 기발함이 있어야 한다.

중풍병자와 그 친구들 앞에는 무리가 있었다. 심지어 권력자들도 있었다. 그 기세에 압도되는 것이 너무나도 당연한 상황이었다. 그러나 그들은 담대했다. 포기할 법도 했지만 지붕의 기와를 벗겨 친구를 예수님 앞에 내려놓을 만큼 창조적이었다. 그 결과 중풍병에 걸린 친구는 예수님에게 고침받을 수 있었다. 그리고 예수님은 그들의 모습을 보면서 이렇게 말씀하셨다.

> 예수께서 그들의 믿음을 보시고 이르시되 이 사람아 네 죄 사함을 받았느니라 하시니(눅 5:20).

예수님은 그들이 행한 모든 과정을 통해 그들의 믿음을 보았다고 평가하신다. '열심'이라고, '용기'라고, '능력'이라고 정의하지 않으셨다. '믿음'이라고 말씀하셨다. 그들이 담대하게, 창조적으로 예수님에게 나아오고 모든 장애를 돌파한 이 행위를 '믿음'이라 칭하신 것이다. 신현우 교수는 이 본문을 해석하면서 "여기서 '믿음'은 문 앞이 막혀 있을 때 굴하지 않고 지붕을 뚫고서라도 예수에게로 나아온 '발상의 전환'과 '집요한 행동'을 가리킨다"라고 말했다. 여기에서 우리는 다사다난한 인생 앞에 믿는 자로서 갖추어야 할 삶의 태도를 알게 된다. 그것은 담대함과 창조성이다.

세상에 찬물을 끼얹다

언더독(underdog)이란 말이 있다. 사전에 따르면 "개싸움에서 밑에 깔리는 개"라는 뜻으로, "이길 가능성이 적은 선수나 팀을 가리키는 말"이다. 그리스도인은 역사적으로 언제나 언더독이었다. 탑독(top dog)인 세상과 달리 그리스도인은 대부분 소수였고, 약자였다. 패배의 그림자를 달고 살았다. 그러나 항상 역전했고, 끝끝내 승리했다. 십자가에 못 박히셨으나 승리하신 예수님처럼 말이다.

두 체급(주니어 페더급, 밴텀급)을 석권했던 복싱 세계 챔피언 홍수환을 아는가? 그가 많은 사람에게 영향을 끼친 경기가 있다. 수차례 처참한 패배를 겪은 뒤, 파나마의 복싱 영웅 헥토르 카라스키야(Hector Carrasquilla)와 하게 된 주니어 페더급 타이틀 매치다. 상대는 '지옥에서 온 악마'라고 불렸다. 별명에 걸맞게 홍수환을 시종일관 몰아세웠고, 홍수환은 결국 네 번이나 다운을 당했다. 포기할 법도 했지만, 그동안 맞으며 버틴 것이 아까워 주먹 한 번 더 뻗고, 한 라운드 더 뛰자는 오기로 격돌했다. 3라운드에서 홍수환은 초인적인 모습을 보여 주었다. 강력한 펀치를 상대의 안면과 복부에 꽂았고, 승리를 확신하며 기세등등하던 카라스키야는 결국 링 위에서 속절없이 무너졌다. 이것이 네 번을 쓰러지고도 다섯 번 일어난 4전 5기의 신화다.

홍수환은 한 인터뷰에서 이 경기를 회상하며 이렇게 말했다.

> 경기 상황이 순식간에 180도 역전됐지. 파나마는 경사 날 줄 알았는데 초상난 거고, 우리나라는 초상날 줄 알았는데 경사 난 거고. 파나마에 내가 찬물도 보통 찬물을 끼얹은 게 아니지.

(네이버 지식 백과, "복싱 선수 홍수환")

언더독으로 여겨지는 그리스도인은 이 정도 찬물을 세상에 끼얹어 줘야 한다. 언더독에 불과하던 중풍병자와 친구들이 탑독처럼 보이는 바리새인과 율법 교사가 있는 무리를 뚫고 예수님 앞에 갈 수 있다고 누가 생각했을까? 게다가 치유까지 받을 수 있다고 누가 상상이나 했을까? 그 현장에서는 아무도 예상치 못한 일이었다. 그러나 그들은 해냈다. 예수님을 향한 믿음이 있는 자로서 담대했고, 창조적이었다. 그렇게 그들은 세상에 찬물을 끼얹었다.

사각 링과 같은 인생은 언제나 두렵다. 세상은 탑독인 양 으스대며 우리를 언더독으로 취급한다. 믿음만 있지 별 볼일 없다고 하면서 우리의 패배를 확정하고, 겁박하여 위협도 한다. 그러나 우리는 예수를 믿는 그리스도인 아니겠는가. 히브리서 11장에 나오는 인물들의 후예 아닌가. 그러니 굴하지 말고, 쓰러져도 다시 일어나라. 집요하게 파고들어 생각하고 또 생각하라. 세상이 정신 차리게 찬물을 끼얹으라. 세상이 감출 수도, 감당할 수도 없는 그리스도인으로 살아가라. 우리 대장이신 예수님을 믿는다면 결코 불가능한 일이 아니다. 그분은 승리하셨고, 그 승리를 우리에게 주셨기에 우리 사전에 패배란 없다. 무엇보다도, 예수님 역시 당신을 따르는 우리가 이미 승리자임을 확신하신다.

너와 나의 플렉스 점검하기

| 질문에 답하며 자신을 돌아보고, 진정한 플렉스를 위한 다짐을 나누어 봅시다. |

1. 인생을 살다 보면, 눈물겨울 정도로 몸과 마음이 아프거나 막막한 장애물을 만나는 순간이 반드시 옵니다. 여러분에게 그런 순간은 언제였습니까?

2. 친구들이 중풍병자를 예수님에게 데리고 가기 위해서는 넘어야 할 산이 많았습니다. 만약 여러분이 그 친구들 중 한 명이었다면 이 많은 어려움 앞에서 어떤 심정이었을까요?

3. 중풍병자와 친구들이 어려운 상황에서 믿음으로 보인 두 가지 태도는 무엇입니까?

4. 여러분은 인생에서 문제나 장애물을 만나면, 어떻게 반응합니까? 여러분을 언더독으로 여기는 세상에 찬물을 끼얹기 위해서는 어떤 점을 보완해야 할지 나누어 봅시다.

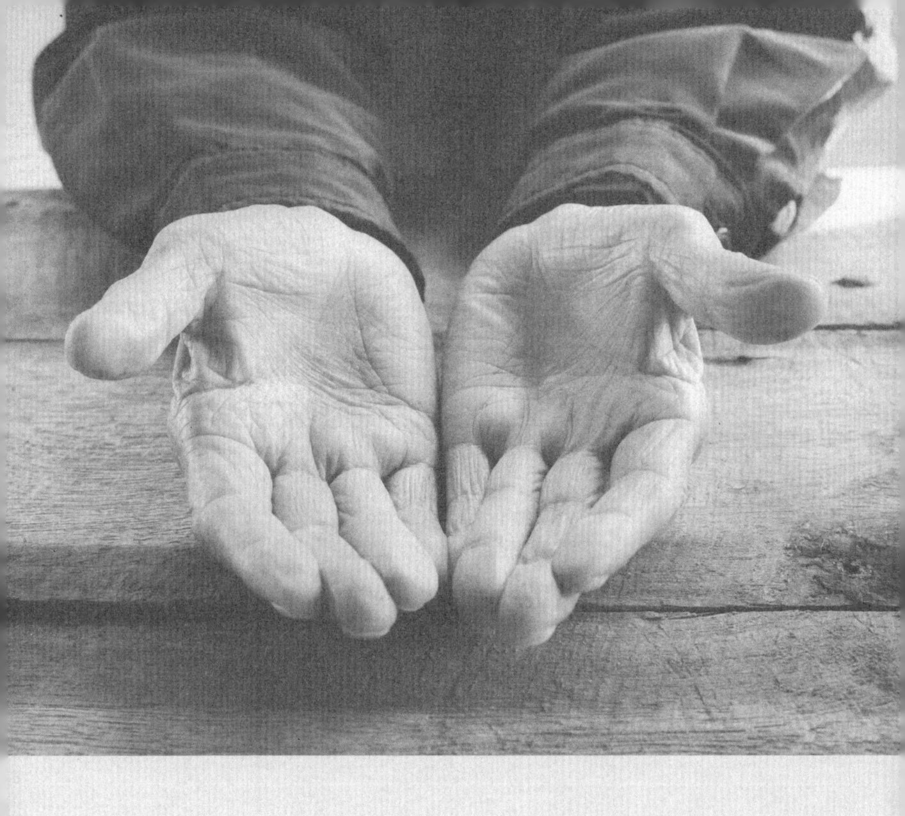

Ch. 5

가난함 속에 있는 진정한 부요함

예수께서 눈을 들어 제자들을 보시고 이르시되 너희 가난한 자는 복이 있나니 하나님의 나라가 너희 것임이요

_눅 6:20

나는 누구를, 무엇을 갈망하는가?

"엄마!!!!!!!!!!! 엄마, 엄마, 엄마, 엄마, 엄마!"

일곱 살과 다섯 살인 두 딸, 세 살인 아들은 날마다 엄마를 애타게 찾는다. 아내는 세 아이가 '엄마'를 부르는 소리를 하루에도 골백번 넘게 듣는다. 물 달라, 간식 달라, 응가 닦아 달라, 장난감 찾아 달라, 재워 달라, 동생 혼내 달라 등등 다양한 이유를 가지고 엄마를 부른다. 정말이지 징글징글하게 찾는다. 듣는 엄마는 고충이 이만저만이 아니다. 쉴 틈 없이 불러 대니 귀는 찢어질 듯 아프고, 정신없이 지나가는 하루가 무척 허무하기만 하다. 그래도 아내는 아이들의 부름에 빠짐없이 응답한다.

아이가 엄마를 부르는 행위는 생존 본능이다. 엄마만 찾으면 먹고, 입고, 싸고, 자는 일이 일사천리로 해결되기 때문이다. 만약 아이가 엄마를 찾지 않으면 어찌 될까? 아이는 몹시 연약한 존재이기에 엄마 없이는 온전히 살아갈 수도, 자랄 수도 없다. 신기하게도 아이 역시 이 사실을 매우 잘 안다. 자신이 엄마 없이 살 수 없는 존재이자 상태라는 것을 말이다. 그래서 울며불며 엄마를 찾아 따뜻하고 세밀한 돌봄을 받으려는 것이다. 아이가 엄마를 찾는다는 것은 아이의 정신과 마음이 온전하다는 증거다. 이렇게 엄마를 찾는 아이는 엄마에게 양질의 돌봄을 받게 된다.

만약 아이가 엄마가 아닌 옆집 아저씨를 찾고 따라가면 어떻게 될까? 부모는 늘 노심초사하며 아이에게 신신당부하지 않던가? 이상한 아저씨가 과자를 줘도 절대 따라가지 말라고. 만약 그런 끔찍한 일이 벌어진다면 아이는 엄마를 잃게 될 것이고, 충분한 애정과 돌봄을 받지 못한 채 평생 메마른 인생을 살아가게 될 것이다. 아이 엄마는 아이를 잃은 비통함에 매일 밤낮을 신음하며 지새울 것이다.

이 원리는 하나님과 사람 관계에도 고스란히 적용된다. 우리는 불완전하기에 무언가를, 누군가를 끊임없이 찾는다. 아이가 엄마를 찾듯이 말이다. 이것을 아시는 하나님은 우리에게 촉구하며 호소하신다. 하나님 당신을 찾고 당신 안에 거하라고. 그래야만 안전하고 행복할 수 있다고. 그런데 사람이라는 존재는 하나님이 아닌 다른 존재를 자꾸 찾으려 한다. 그럼 어떤 결과를 초래하는가? 타락하고 패망한다는 것이 성경과 역사의 가르침이다. 그래서 우리는 하나님을 찾고 바라야 한다. 하나님을 바라는 자는 하나님 안에 머무르기에 안전하다. "여호와는 나의 반석이시요 나의 요새시요 나를 건지시는 이시요 나의 하나님이시요 내가 그 안에 피할 나의 바위시요 나의 방패시요 나의 구원의 뿔이시요 나의 산성이시로다"라는 믿음을 가지고 말이다(시 18:2).

행동은 거짓으로 꾸밀 수 있지만 마음은 그럴 수도, 그럴 필요도 없다. 마음은 나만이 아는 은밀한 장소이기 때문이다. 그래서 우리는 타인의 시선이 침범할 수 없는 마음이라는 영역을 자유롭게 사용한다. 무언가를 갈망하고 바라는 것은 '마음'의 영역이다. 몸은 교회에 있지만 마음은 영 딴 곳에 있을 수 있다. 몸은 예배를 드리지만 마음은 다른 존재를 숭배하고 있을 수 있다. 그리고 하나님은 그런 마음을 다 보고 계신다. 진실로 하나님에게 붙들려서 그분 안에 거하는 사람이라면 마음에 항상 하나님을 향한 불타는 갈망이 있어야 한다.

우리는 스스로에게 이런 질문을 해야 한다. "나는 위급하고 다급할 때 무엇을 찾는가?" "나는 지금 하나님을 갈망하고 있는가?" 만약 이 질문에 시원하게 답하지 못한다면, 즉 하나님보다 바라는 존재나 사물이 있다면, 우리는 교회 안에 있어도, 예배를 드리고 있어도 하나님을 떠나 있는 것이다. 마음 깊숙한 곳에 하나님을 향한 싫증과 무관심이 도사리고 있을 수도 있다. 하나님 안에서의 행복, 안전, 풍요와는 거리가 먼 삶을 살고 있는 것이다.

가난한 자, 하나님을 갈망하다

누가복음 6장 20절에서 예수님은 "가난한 자는 복이 있나니"라고 말씀하신다. 우리가 가진 통념을 뒤흔드는 말씀이다. 가난은 무엇인가? 형편이 넉넉하지 못하고, 이로 인해 여러 제약에 얽매인 불우한 상태다. 특히 본문에 사용된 '가난'이라는 단어는 원어로 '프토코스'(πτωχός)다. 이 단어의 사전적 뜻을 살펴보면, 약간 부족한 정도가 아니라 파산하여 당장 구걸해야 하는 극심한 궁핍을 말한다. 모든 것이 몰락해 가는 처지를 뜻하는 단어다. 그런 가난을 성경은 '복되다'고 말하는 것이다.

가난은 가난으로 그치지 않는다. 상처, 장애, 불행, 약점, 열등과 같은 비극과 연결된다. 그래서 가난은 대부분의 사람에게 기피와 극복의 대상이다. 결코 곁에 두고 싶지 않은 것이다. 듣기만 해도 거북하고 불쾌한 것이다. 자녀에게 가장 물려주고 싶지 않은 것이다. 가난이 복되다고 말하는 본문은 도무지 납득이 되지 않는다.

그렇다면 성경은 정말 형편이 넉넉하지 못한 사람이 복되다고 말하는 걸까? 이 질문이 성립되기 위해서는 부한 자는 복이 지지리도 없어야 한다. 부하다는 이유만으로 악하다는 핀잔을 들어야 하며, 예수님의 외면을 받아야 한다. 그러나 실상은 그렇지 않다. 예수님은 부하다는 이유만으로 교제를 피하지 않으셨다. 삭개오, 아리마대 요셉, 니고데모와 같이 부하고 높은 사람을 만나셨다. 무엇보다 하나님은 당신의 계획을 이루실 때 물질을 배제하지 않으셨고 요긴한 도구로 사용하기도 하셨다. 그래서 성경은 물질을 좇고 탐하는 악함을 경계하라고 하지, 물질 자체를 악하다고 단정하지 않는다.

따라서 본문에 나타난 '가난'은 경제적인 차원이 아닌 신앙적인 차원으로 접근해야 한다. 그런 의미에서 '가난'이라는 단어를 자주 사용한 인물이 '다윗'이다. 다윗을 통해 우리는 '가난'이라는 단어가

신앙에 어떤 의미인지 배울 수 있다. 다음 말씀을 보자.

> 오직 나는 가난하고 슬프오니 하나님이여 주의 구원으로 나를 높이소서(시 69:29).

> 나는 가난하고 궁핍하오니 하나님이여 속히 내게 임하소서 주는 나의 도움이시요 나를 건지시는 이시오니 여호와여 지체하지 마소서(시 70:5).

이 두 말씀의 공통점은 무엇인가? 다윗이 자신의 상태를 '가난'하다고 말하는 것이다. 시편에 기록된 다윗의 시를 보면, 그가 말하는 가난은 단지 경제적 어려움이 아니다. 다윗의 삶을 보더라도 그가 겪은 고난의 이유는 대부분 궁핍에 있지 않았다. 그는 오랜 기간 왕으로서 한 나라를 통치하며 부귀영화를 누리기도 했다.

그렇다면 가난은 어떤 것을 의미하는가? 다윗의 고백 후반부와 연결하면 알 수 있다. 다윗은 자신의 가난을 말하면서 하나님을 찾고 구한다. 즉, 자신의 가난함을, 하나님을 간절히 바라는 상태와 연결하고 있다. 이 대목에서 우리는 무엇을 발견할 수 있는가? 가난이란 '자신의 무가치함과 무능함을 인정하며, 하나님을 전적으로 의지하고 갈망하는 신앙'이다. 이것이 성경이 신앙적 차원에서 말하는 가난의 의미다. 또한 권세 있고 부한 자를 교만한 자로, 비천하고 빈곤한 자를 하나님의 돌봄과 긍휼을 받는 자로 연결하는 누가복음의 입장이기도 하다(눅 1:46-56).

물론 '가난'을 신앙적인 차원에서 해석해도 경제적인 의미를 배제할 수는 없다. 가난이 지닌 속성을 빌려 참된 신앙을 나타내고 있기 때문이다. 가난은 도움이 필요한 상태다. 돈이 궁하면 돈이 많은 자를 찾아간다. 질병에 시달리면 명의를 찾아간다. 자녀가 입시생이면 입시 전문가나 1타 강사를 찾아간다. 배고프면 식당을 찾아 헤맨다. 무엇이 가난하든 내 힘으로 극복할 수 없기에 무조건 외부의 도움을 찾게 되는 것이다.

가난한 신앙도 이와 같다. 내가 얼마나 높은지, 얼마나 대단한지는 중요하지 않다. 내 안에서 소망을 찾지 않는다. 찾아봤자 선하고 쓸 만한 걸 찾지 못한다. 다윗처럼, 결국 나의 유일한 절대자는 하나님임을 인정하고 그분을 갈망하며 살아간다. 본문도 바로 이러한 자가 복되다고 말한다.

우리 아버지이신 하나님도 이러한 신앙을 가진 자를 기뻐하고 예뻐하신다. 관계는 서로 필요로 할 때 깊어지고 끈끈해진다. 한 번 생각해 보자. 만약 내 자녀가 부모인 내가 아닌 옆집 아저씨를 더 좋아하고 의지한다면 어떨까? 내가 섬기는 성도가 다른 교회 교역자에게 신앙 상담을 받으면 어떨까? 내가 가르치는 학생이 다른 학교 선생님의 수업을 더 즐겨 듣는다면 어떨까? 기분이 좋을 수 없다. 찜찜하다. 아니, 솔직히 말하면 상당히 불쾌하고 질투도 난다.

똥강아지 같은 자식들이 '엄마, 아빠'를 연신 부르고 달라붙을 때가 가장 힘들면서도 행복하다. 나를 찾고 필요로 하는 아이들로 형언할 수 없는 충만함을 느낀다. 자녀도 부모 안에 있을 때 안전하고, 가장 좋은 것을 누릴 수 있다. 부모의 품이 그런 곳이다. 하나님도 우리가 하나님을 찾고 필요로 할 때 기뻐하신다. 우리도 하나님 안에 있을 때 가장 행복할 수 있다. 이것이 하나님 앞에서 가져야 할 가난한 신앙이다.

조나단 에드워즈(Jonathan Edwards)는 「신앙감정론」(부흥과개혁사)에서 신앙의 올바른 감정 표지 12가지를 논한다. 그중 열한 번째 표지를 "하나님을 향한 갈망"으로 꼽는다. 그리고 그는 첫머리를 이렇게 시작한다.

> 참된 성도가 은혜로운 사랑으로 하나님을 사랑할수록, 그는 더욱더 사랑하기를 갈망하게 되며 자신이 하나님을 많이 사랑하고 있지 않다는 사실 때문에 더 괴로워한다. (중략) 그의 심령이 상할수록 심령이 더욱더 상하기를 갈망하게 된다. 그가 하나님과 거룩함을 더 목말라하고 갈망할수록, 그는 더욱더 갈망하고 싶어지며 하나님을 갈망하는 일에 자신의 영혼이 헐떡이게 되기를 원한다.

목마른 사슴이 샘물을 찾듯, 우리 영혼이 하나님을 갈망하며 헐

떡이고 있는지 생각해 보아야 한다. 하나님을 사랑하는 자는 반드시 하나님을 갈망하게 되어 있다. 나의 갈망의 방향이 신앙의 척도인 셈이다.

반대로 가난하게 하나님을 찾기 싫어 하나님 밖에서 부요함을 찾으면 어떻게 될까? 그런 자를 예수님은 "화 있을진저 너희 부요한 자여 너희는 너희의 위로를 이미 받았도다"(눅 6:24)라고 책망하신다. 여기에 나오는 부요함 역시 경제적인 의미가 아니니 부러워 말라. 하나님 밖에서 배를 채운 자들, 하나님 없이도 충분한 자들로 이들은 더 이상 하늘의 신령한 복을 공급받을 수 없다. 끝 날에 이를 갈며 슬피 울 뿐이다. 그래서 우리가 드려야 할 고백은 〈주께 가까이 날 이끄소서〉(어노인팅)라는 찬양의 가사와 같다.

> 목마른 나의 영혼 주를 부르니
> 나의 맘 만져 주소서.
> 주님만을 원합니다. 더 원합니다.
> 나의 맘 만져 주소서.

정말 그렇다. 정말 그래야만 한다. 우리의 목마름이 하나님을 향한 갈망이 되어야 한다. 하나님만이 우리를 해갈하시고, 배부르게 하시고, 자유케 하신다. 하나님 밖에서 서성이며 구걸해 보라. 밧세바와 간음하여 욕구를 채웠지만 결국 다윗은 "나를 주 앞에서 쫓아내지 마시며 주의 성령을 내게서 거두지 마소서"(시 51:11)라고 울부짖었다. 하나님 밖은 춥고 배고프고 헐벗게 된다는 것을 깨달았다. 우리도 하나님을 벗어나면 이같이 될 수밖에 없다. 그래서 우리는 하나님을 찾고 또 찾으며, 구하고 또 구하며 갈망해야 한다. 그러면 신기하게도 우리 하나님은 그렇게 가난한 삶을 진정한 부요가 있는 '하나님 나라'의 삶으로 바꾸신다.

가난한 자, 하나님 나라를 소유하다

하나님 나라는 우리가 받는 '복'의 총화(總和)다. 우리는 보통 하나님 나라를 죽은 다음에 가는 나라로만 생각한다. 이 땅에서는 고난만 진탕 받고 죽은 후에야 해방되고 천국을 누릴 수 있다고 오해한다. 현재 없이 미래만 보고 살라는 것은 고문이자 고역이다. 성경은 하나님 나라를 현재형으로 말한다. 지금 주어진 축복이라는 말이다.

어찌 보면 우리가 가진 기독교 신앙은 늘 현재형이다. 과거는 과거로만 머무르지 않는다. 지금의 교훈과 감사로 찾아온다. 미래는 미래로만 저 멀리 있지 않다. 지금의 소망과 누림으로 다가온다. 하나님 나라 역시 '요원한 미래'가 아닌 '확실한 현재'다. 그래서 예수님은 '하나님 나라'라는 복을 선포하며 즉각 주셨다.

그렇다면, 이 복의 의미는 무엇일까? 네덜란드의 저명한 신학자 헤르만 리델보스(Herman Nicolaas Ridderbos)는 「하나님 나라」(솔로몬)에서 가난한 자에게 주어진 하나님 나라의 의미를 '마리아의 찬가'에서 찾을 수 있다고 안내한다.

> 마리아가 이르되 내 영혼이 주를 찬양하며 내 마음이 하나님 내 구주를 기뻐하였음은 그의 여종의 비천함을 돌보셨음이라 보라 이제 후로는 만세에 나를 복이 있다 일컬으리로다 능하신 이가 큰 일을 내게 행하셨으니 그 이름이 거룩하시며 긍휼하심이 두려워하는 자에게 대대로 이르는도다 그의 팔로 힘을 보이사 마음의 생각이 교만한 자들을 흩으셨고 권세 있는 자를 그 위에서 내리치셨으며 비천한 자를 높이셨고 주리는 자를 좋은 것으로 배불리셨으며 부자는 빈 손으로 보내셨도다 그 종 이스라엘을 도우사 긍휼히 여기시고 기억하시되 우리 조상에게 말씀하신 것과 같이 아브라함과 그 자손에게 영원히 하시리로다 하니라(눅 1:46-55).

이 찬가는 '비천한 자'와 '권세 있는자'를, '주리는 자'와 '부자'를 대조하고 있다. 가난한 자에게는 복을, 배부른 자에게는 화를 선언하는 말씀과 흡사한 양상이다. 그러면 지금부터 마리아의 찬가를 바탕으로 가난한 자에게 주어진 복, 하나님 나라를 두 가지 측면에서 살펴보도록 하자.

첫째로, 하나님 나라는 '통치'를 뜻한다. 하나님 나라는 하나님이 통치하시는 곳이다. 하나님 나라를 우리에게 주셨다는 것은 하나님 나라가 임함과 동시에 하나님이 다스리신다는 사실을 의미한다.

누구의 통솔을 받느냐에 따라 인생의 성패가 달라진다. 지휘자의 수준을 오케스트라 단원이 뛰어넘을 수 없듯이, 어느 단체든 지도자의 권한과 능력을 초월할 수 없다. 모든 사람은 불완전하고 유한하며, 죄인이다. 사람의 다스림이 완벽한 안식을 주지 못하고, 늘 불안을 주는 것도 이 때문이다. 그런 우리에게 하나님의 다스림은 완벽한 '복' 자체다.

예수님의 공생애 당시 최고 권력은 로마였다. 로마는 여러모로 부요했고, 이스라엘은 이리 보고 저리 봐도 가난했다. 그래서 이스라엘은 로마 권력에 굴복하며 통치를 받았다. 그러나 로마의 통치는 유한했다. 하나님 앞에서 영원한 제국도, 권력도 없기 때문이다. 반면 하나님의 통치는 영원하다. 하나님은 "영원하신 왕 곧 썩지 아니하고 홀로 하나이신" 분이기 때문이다(딤전 1:17).

마리아의 찬가를 보라. 자기의 비천함을 인정하지만, 낙담하지 않았다. 오히려 하나님의 팔이 교만하고 권세 높은 자들을 내려칠 날을 확신했다. 반대로 가난한 자, 비천한 자를 영원토록 돌보시고 긍휼히 여기시며, 기억하신다고 찬양했다. 이런 확신에 찬 찬양은 가난한 신앙을 지닌 자, 하나님의 통치를 받는 자, 하나님 나라를 복으로 소유한 자에게만 가능하다.

우리가 가난한 신앙으로 하나님을 찾을 때 하나님의 통치가 우리 인생에 임한다. 불완전한 사람 손에, 겁 많고 연약한 나의 손에 내 인생을 맡길 필요가 없어진다. 그래서 부요한 세상이 달콤한 목소리로 우리를 호객해도, 우리는 귓등으로도 듣지 않을 수 있다. 누구도 하나님을 대신할 수 없다. 하나님은 우리 목자이시기에 우리를 부족함 없는 푸른 풀밭과 쉴 만한 물가, 의의 길로 인도하신다. 그분 손에 내 인생을 맡기는 것, 그분의 통치에 내 인생이 순복하는 것, 이것이 당연한 선택이다.

둘째로, 하나님 나라는 '기쁨'을 의미한다. "당신은 지금 기쁩니까?"라는 질문에 주저 없이 "네!"라고 답할 수 있는 사람이 몇이나 될까? 뉴스는 연일 비보를 쏟아 내고, 내 삶은 매일 눈물을 쏟아 낸다. 그저 그 눈물을 조금이라도 말리고자 세상 속에서 웃을 일을 찾는다. 자극적이고 즉각적이고 육욕적인 그런 즐거움들 말이다. 하지만 다디단 콜라가 혀끝을 스쳐 가는 정도의 즐거움이다.

마리아에게는 복음이 주는 기쁨이 있었다. 처녀의 몸으로 아이를 가졌는데도 말이다. 지금은 곱지 않은 시선 정도지만, 당시에는 모욕과 엄벌을 받기에 충분했다. 그런 그가 찬양하고 기뻐했다. 하나님 나라, 즉 복음이 주는 기쁨 때문이었다. 눈물을 씻기시고 수치를 제하시는(사 25:8), 사망도 애통도 없는(계 21:4) 오직 하나님만 충만히 계시는 하나님 나라가 현재 임했기에 하늘의 기쁨을 이미 소유하고 누린 것이다.

웃을 일이 없다고 하지 말라. 우리는 웃을 일이 있어야 웃는 그저 그런 사람이 아니다. 우리를 웃게 하고 기쁘게 하시는 하나님, 충만한 기쁨이 있는 하나님 나라가 지금 우리에게 주어졌다. 감옥에 있으면서도 주 안에서 기뻐하라고 권면한 바울처럼, 모함을 당해 끌려가는 와중에도 천사의 얼굴을 지녔던 스데반처럼, 우리도 가난한 자로서 하나님을 갈망하면, 그분과 그분의 나라로 기뻐할 수 있다. 심지어 환난 중에도 즐거워할 수 있다(롬 5:3).

사랑하는 사람과 함께 있으면, 조촐한 식탁에서도, 허름한 단칸방에서도 행복할 수 있다. 세상이 황홀해 보이고, 행복감으로 충만하여 부족함을 느끼지 못한다. 우리에게는 하나님과 함께하는 하늘나라가 주어졌다. 사랑하는 '님'과 함께해도 그리 좋은데, 자비롭고 은혜롭고 노하기를 더디 하고 인자와 진실이 많은 하나님과 영원히 함께하면 그 기쁨이 어떠하겠는가.

이렇게 하나님을 갈망하는 가난한 자에게 하나님은 그분의 나라를 즉각, 통째로 주신다. 그 하나님 나라 안에는 하나님의 통치와 천국의 기쁨이 담겨 있다. 통치와 기쁨은 한 묶음이다. 그래서 사도 요한은 "할렐루야 주 우리 하나님 곧 전능하신 이가 통치하시도다 우리가 즐거워하고 크게 기뻐하며"(계 19:6, 7)라고 찬양했다.

나는 하나님이 필요합니다

하나님은 당신의 다스림과 하늘의 기쁨이 있는 복을 주시고자 때로 내 손에 쥔 모든 것을 탈탈 털어 가신다. 하나님 없이 살 수 없다는 것을 알려 주시려는 것이다. 가난한 마음으로 낮추시고 위에 계신 하나님을 바라보도록 하신다. 모세를 보라. 애굽의 왕자라는 영예의 자리에서 끌어 내리셨다. 신까지 벗기셔서 낮아지게 만드셨다. 그리고 부귀영화가 있던 그 손에 하나님의 지팡이를 쥐여 주셨다. 모든 것을 잃은 것처럼 보였지만 실상은 모든 것을 얻은 그였다. 히브리서 기자는 모세를 이렇게 설명하고 있다.

> 믿음으로 모세는 장성하여 바로의 공주의 아들이라 칭함받기를 거절하고 도리어 하나님의 백성과 함께 고난받기를 잠시 죄악의 낙을 누리는 것보다 더 좋아하고 그리스도를 위하여 받는 수모를 애굽의 모든 보화보다 더 큰 재물로 여겼으니 이는 상 주심을 바라봄이라(히 11:24-26).

모세는 세상의 부요를 버리고 하나님 앞에서의 가난을 택했다. 억지로, 의무감에 그랬을까? 절대 아니다. 상 주심을 바라보며 세상의 보화보다 신앙의 고난을 더 큰 재물로 여겼다. 이것이 가난함을 자처하는 우리 자세여야 한다.

당신은 가난한 신앙을 가졌는가, 아니면 부요한 신앙을 가졌는가? 부요한 자라면 하나님 없이도 충분한 사람이다. 그 충분함 끝에는 부족함이 기다리고 있다. 반면, 가난한 자라면 하나님 없이는 하루도 살 수 없는 처절한 자다. 매 순간 생명의 위협을 받는 가난의 늪에서 발버둥 치는 사람처럼 말이다. 초라해 보이지만 그 끝에는 세상이 줄 수 없는 부요함이 기다리고 있다.

놀이공원같이 사람이 운집한 곳에서 부모를 잃어버린 아이는 목 놓아 운다. 누가 다가가 달래도 소용없다. 모든 것을 잃은 절망의 통곡이다. 부모를 찾을 때까지 그 울음을 그칠 수 없다. 부모의 부재가 아이에게 주는 상실이 그만큼 큰 것이다. 모든 인생의 가장 큰 절망 역시 하나님의 부재다. 부모의 품에서 아이가 출생하듯, 하나님의 사랑 안에서 생명이 시작되었으니 당연하다. 이를 믿는다면 우리는 누구를 애타게 찾고 바라야 하는지 분명해진다.

유진 피터슨(Eugene H. Peterson)은 「다윗: 현실에 뿌리박은 영성」(IVP)에서 하나님 없이 인간은 인간다울 수도, 충만할 수도 없는 "부족함"(lessness)의 상태에 놓인다고 주장한다. 그 부족함을 채우고자 여러 활동을 하지만, 결국 그 부족함을 파악도, 해결도 하지 못한다고 한다. 그리고 그 부족함을 해결해 주는 답이 '복음'이라고 말한다. 그의 이야기를 더 들어 보자.

기독교의 복음은, 우리의 이러한 모든 불완전함의 중심과 저변과 사면에 바로 하나님이 자리 잡고 계시다고 말해 준다. 우리에게는 바로 하나님이 필요하다. 하나님을 향한 갈망, 하나님을 향한 갈증은 인간 안에 있는 가장 강력한 욕구다. 이는 성, 권력, 안정, 명성을 향한 욕구를 전부 합한 것보다도 훨씬 강한 욕구다.

우리에게는 언제나 하나님이 필요하다. 우리는 오늘도 가난한 마음으로 하나님을 애타게 찾으며 갈망해야 한다. 하나님도 가장 사랑하시는 피조물이 당신을 필요로 하고, 간절히 찾기를 원하신다. 그리고 그런 사람에게 하나님 나라를 즉시, 통째로 주신다. 하나님의 통치를 받고, 하늘의 기쁨을 누리게 하신다. 진정한 부요에 참여하게 하신다.

오늘도, 내일도, 주님 앞에 가는 그날까지 가난한 마음으로, 어린아이같이 하나님을 찾아야 한다. 부모는 아이의 요청과 닦달에 피곤하기도 하지만 우리 하나님은 피곤해하지도 졸지도 않으시는 분이다. 사람의 도움은 언제나 유한하나 하나님의 도움은 언제나 크고 완전하다. 무엇보다 하나님은 전심을 다해 당신을 찾는 자를 아버지의 마음으로 기뻐하시며, 천국이라는 큰 선물을 안겨 주시는 분이다. 그러니 기억하자. 그 가난한 신앙은 우리에게 하나님의 통치와 기쁨이 있는 부요한 하나님 나라를 선사해 준다는 것을.

너와 나의 플렉스 점검하기

| 질문에 답하며 자신을 돌아보고, 진정한 플렉스를 위한 다짐을 나누어 봅시다. |

1. 여러분은 위급한 상황에서 누구를 가장 먼저 찾습니까? 살면서 가장 절박하게 도움을 요청했던 경험과 그때의 간절함을, 또 그 당시에 받았던 도움을 함께 나누어 봅시다.

2. 성경에서 말하는 '가난한 자'와 '부요한 자'의 의미는 무엇입니까?

3. '가난한 자'에게 주어지는 '복'과 그 복의 두 가지 의미는 무엇입니까?

4. 여러분은 가난한 마음으로 하나님과 그분의 나라를 갈망하고 있습니까, 아니면 다른 대상을 갈망하고 있습니까? 하나님 나라로 부어지는 하나님의 통치와 기쁨이 지금 여러분 삶에 실현되고 있습니까?

Ch. 6

사랑받은 나, 사랑하게 되다

[27] 그러나 너희 듣는 자에게 내가 이르노니 너희 원수를 사랑하며 너희를 미워하는 자를 선대하며 [28] 너희를 저주하는 자를 위하여 축복하며 너희를 모욕하는 자를 위하여 기도하라 [29] 너의 이 뺨을 치는 자에게 저 뺨도 돌려대며 네 겉옷을 빼앗는 자에게 속옷도 거절하지 말라 [30] 네게 구하는 자에게 주며 네 것을 가져가는 자에게 다시 달라 하지 말며 [31] 남에게 대접을 받고자 하는 대로 너희도 남을 대접하라 [32] 너희가 만일 너희를 사랑하는 자만을 사랑하면 칭찬받을 것이 무엇이냐 죄인들도 사랑하는 자는 사랑하느니라 [33] 너희가 만일 선대하는 자만을 선대하면 칭찬받을 것이 무엇이냐 죄인들도 이렇게 하느니라 [34] 너희가 받기를 바라고 사람들에게 꾸어 주면 칭찬받을 것이 무엇이냐 죄인들도 그만큼 받고자 하여 죄인에게 꾸어 주느니라 [35] 오직 너희는 원수를 사랑하고 선대하며 아무것도 바라지 말고 꾸어 주라 그리하면 너희 상이 클 것이요 또 지극히 높으신 이의 아들이 되리니 그는 은혜를 모르는 자와 악한 자에게도 인자하시니라.

_눅 6:27-35

사랑이 부족합니다

> 오, 사랑 없는 자들을 사랑하시는 주님,
> 곧 마음과 목숨과 뜻과 힘을 다하여 주님을 사랑하고,
> 또한 내 이웃을 내 몸같이 사랑함이 주님의 뜻입니다.
>
> 그러나 나는 이처럼 사랑하기에 부족한 인간입니다.
> 애초부터 내 영혼에는 순결한 사랑이 없으며,
> 내 안의 모든 감정은 주님에게서 돌아섰습니다.

「기도의 골짜기」(복있는사람)에 실린 어느 청교도의 기도문이다. 기도자는 자신 안에 사랑 없음을 진솔하게 자백한다. 사랑받았지만 여전히 사랑하지 못하는 자신을 인정한다. 주님의 사랑을 받아도, 사랑하기란 쉽지 않다. 신앙의 선진이자 위인이라 할 수 있는 청교도도 그러한데 우리는 오죽할까.

그리스도인은 생명을 내어 주신 십자가 사랑을 받았다. 나환자에게 손 내미신 주님이 추악한 죄로 얼룩진 우리를 끌어안으셨다. 그 누구도 흉내 낼 수 없는, 그 무엇도 대체할 수 없는 영원하고 완전한 사랑이다. 이러한 사랑은 더 이상 사랑이 고프지 않도록 한다. 오히려 사랑의 창고가 가득 차고 넘쳐서 이웃과 세상을 향해 사랑이 흘러가게 된다. 그러나 현실은 어떤가? 복음적 사랑이 내

삶에서 세차게 쏟아져야 하건만, 잔존하는 죄성이 그 물줄기를 가로막는다. 이렇게 되면 어떤 결과가 기다리고 있을까? 고인 사랑은 썩기 마련이고, 사랑을 공급받지 못한 영혼은 메말라만 가니, 결국은 병들고 만다.

한 트로트 가수가 "사랑은 아무나 하나, 어느 누가 쉽다고 했나"라고 노래했다. 이 노래 가사를 보면 흥겨운 멜로디와 반주, 가수의 반짝이 옷과 화려한 무대 매너가 떠오르지만, 가사를 곱씹을수록 심오하고 철학적이다. 정말 사랑은 아무나 못한다. 기분에 따라 만나고 헤어지는 풋사랑 말고, 어떤 상황에서도 신실하고 변치 않는 사랑을 실천하기란, 무척이나 어렵다. 솔직히 말하면 고통스러울 정도다.

그리스도인조차 사랑을 잘 못한다. 아니, 아예 하지 않을 때가 많다. 교회에서 이골이 나도록 하나님 사랑, 이웃 사랑을 듣고 배워도 그렇다. 때로는 너무 익숙한 말이어서 실천하고 있다고 착각에 빠지기도 한다. 그래서 세상은 여전히 사랑 없는 교회와 그리스도인을 바라보며 실망한다.

김소연 작가는 「마음사전」(마음산책)에서 '사랑'과 '신앙'이라는 두 단어를 인류 역사상 가장 큰 거짓말이라고 지적하기도 했다. 심지어 "묵음으로 발음되어야 옳다. 허사(虛辭)로 통용되어야 맞다"고, "사랑이라는 해묵은 단어는 일찍이 그리스도 이후, 이천 년 전에 유명무실해졌다"고 뼈아프게 일갈한다. 십자가 사랑을 받은 그리스도인이 사랑을 얼마나 형편없이 실천했으면 이렇게 말할까? 완전한 사랑을 받았지만, 진실한 사랑을 실천하는 이가 하나 없고, 나 또한 별반 다르지 않아 마음이 아프고 괴롭다.

사랑은 왜 이토록 어려울까? 성경이 말하는 사랑은 나를 향하지 않는다. 반면에 내가 원하는 사랑은 줄곧 나를 향한다. 두 사실이 충돌하니 당연히 사랑은 어려운 것이 된다. 자기 사랑은 본능이라서 자연스러운 반면, 타인을 향한 사랑은 본능을 거스르기에 불편하다. 때로는 타인을 향한 사랑 역시 자기 이익과 영합할 때도 많다. 상대의 조건을 따지며 매력을 느끼고 그것을 사랑으로 치부하는 현상만 봐도 그렇다. 그래서 토마스 아켐피스(Thomas à Kempis)는 「그리스도를 본받아」에서 이렇게 말한다.

> 겉으로 보이기는 긍휼 같은데 실제로는 육적인 일이 가끔 있다. 이것은 긍휼의 동기가 개인의 취향이나 자신의 뜻, 보상에 대한 기대나 자기 이익이 아닌 경우가 드물기 때문이다.

우리가 행하는 사랑, 긍휼의 동기가 나의 욕심일 수 있다는 것이다. 사랑과 같이 순결한 개념에도 우리의 불순함이 투영될 수 있다는 것이다. 적나라한 폭로에 아니라고 반박하고 싶지만, 결국에는 인정할 수밖에 없다.

이토록 사랑에는 젬병인 우리에게, 옆 사람 하나 제대로 사랑하지 못하는 우리에게, 예수님은 원수까지 사랑하라 하시며 한 술, 아니 열 술은 더 뜨신다. 때로는 자녀도, 배우자도, 부모도, 이웃도, 소꿉친구도 사랑하기 어려운데, 원수 사랑이라니, 우리는 이를 어떻게 받아들여야 할까.

사랑이라는 '끔찍한 의무'

'원수를 사랑하라'는 예수님의 설교를 듣던 유대인들은 철저한 율법주의자였다. 분명 "네 이웃을 네 몸과 같이 사랑하라"는 말씀도 실천했다. 그러나 그들은 큰 착오를 저질렀다. '이웃'의 범위가 예수님의 가르침과 일치하지 않았다. 그들의 '이웃'은 우리가 흔히 생각하는 이웃과 다르지 않았다. 생각과 환경이 비슷하여 어울릴 만한 사람을 뜻하지, 적대적이거나 증오하는 관계에 놓인 원수를 가리키지 않았다. 그들은 원수로 여기던, 이방인, 세리, 창기를 사랑하지 않았다. 심지어 미워하고 배제했다. 그들을 사랑할 의무는 지지 않았고, 오히려 미워하는 것이 온당한 처사였다.

예수님은 그 틈을 파고들며 흔드셨다. 유대인들은 겉으로는 하나님을 경외하며 말씀을 지키는 거룩한 자처럼 고고하게 고개를 들고 살았다. 예수님은 그러한 유대인들의 폐부 속에 있던 악함, 사랑 없음을 저격하셨다. 예수님의 설교는 유대인들에게 큰 혼란을 주었다. 그들의 역사에는 숱한 원수가 있었고, 지금도 배척하는 원수가 있는데 그들을 사랑하라니, 그 말씀을 외면하거나 그 말씀을 외치는 예수님을 끌어 내리고 싶었을 것이다. 원래 메시지(message)가 불편하면 메신저(messenger)를 공격하기 마련이다.

자, 그렇다면 우리는 어떤가? 이 메시지가 편하게 다가오는가? 이 말씀을 하시는 예수님 앞에서 쉽게 '아멘' 할 수 있겠는가? 이제 원수 사랑을 외치는 예수님 앞으로 우리를 데려가 보자.

우리에게도 분명 원수가 있다. 사람마다 죽일 듯이 미운 사람, 상종하고 싶지 않은 사람, 온갖 저주를 퍼부어 주고 싶은 사람, 같은 공간에만 있어도 치 떨리는 사람, 내 속에 있던 악마를 끄집어내는 사람이 있다. 그 사람이 우리의 '원수'다. 분명 그 원수는 내 삶에 물리적인 해를 끼치거나, 내 마음에 씻을 수 없는 상처를 주었을 것이다. 예수님은 그러한 사람들을 사랑하라고 명하셨다. 명령이기에 양보나 타협도 없으셨다.

예수님은 혹시 원수가 누구인지 모를까 봐 친절하게 설명해 주셨다. 본문에 등장하는 원수는 이렇다. "너희를 미워하는자", "너희를 저주하는 자", "너의 뺨을 치는 자", "겉옷을 빼앗는 자"이다. 미움받는 것은 폭력을 당하는 것과 상통한다. 저주는 하나님의 진노와 심판을 구하며 큰 재앙을 비는 것이다. 뺨을 치는 것은 인격을 짓밟는 행위다. 재산과도 같던 겉옷을 빼앗는 것은 물리적인 피해를 준 것이다. 이러한 원수들이 인생에 있다면 그 인생은 병들고 파괴될 것이다. 그래서 차라리 내가 죽어 버리고 싶거나, 그 원수를 죽이고 싶을 것이다.

그런데 예수님은 이 원수를 나열하면서, 원수만 떠올려도 고통받는 우리에게 더 큰 고통을 안겨 주신다. 미워하는 자를 선대하란다. 저주한 자를 축복하라신다. 이 뺨을 치는 자에게 저 뺨도 돌려대라신다. 겉옷을 빼앗는 자에게 속옷도 거절하지 말라신다. 미워하고 복수해도 분이 풀리지 않을 마당에, 선대하며 축복하고, 다른 뺨과 속옷을 내어 주라니! 모두 사랑 없이는 불가한 행동이다. 미워하는 자를 사랑해 보려 한 적이 있는가? 해 본 사람은 그것이 얼마나 고통스러운지 안다.

이 말씀 앞에 기뻐할 자가 있을까? 자신 있어 할 자가 있을까? 원수를 사랑하라는 예수님의 말씀 앞에 고개를 푹 숙이고, 못 들은 체 외면하고 싶지 않은가? '그럴 필요까지는 없다'는 합리화를 하고 싶지 않은가? 답답한 소리 좀 넣어 두시라고 말하고 싶지 않은가? 그래서 앞에서 인용한 어느 청교도의 기도처럼 결국에는, "나는 이처럼 사랑하기에 부족한 인간입니다"라고 항복을 선언할 수밖에 없지 않을까 싶다.

청년들과 동역하다 보면, 그들의 주된 관심사는 늘 '사랑'이라는 걸 알게 된다. 그들은 사랑이라는 낭만에 푹 빠져 산다. 사랑이나 연애 이야기만 나오면 그렇게 좋아한다. 분위기도 금세 부드러워지고 달달해진다. 그들을 보면 사랑을 쟁취하고자 매력 발산에 많은 에너지를 쏟는다. 그 사랑에 나름 성공하면 보통은 이렇게 말한다. "목사님, 요즘 사랑해서 진짜 좋아요. 사랑이 이렇게 좋은 건지 몰랐어요. 이제야 하나님의 사랑을 알 것 같아요. 행복해요." 이 말을 듣는 나는 그저 웃는다. 연애를 막 시작해서 온몸에 사랑이라는 호르몬이 왕성히 분비되는 사람은 그럴 수 있다. 그러나 그들은 아직 사랑을 시작도 안 한 거나 마찬가지다.

이제 막 달콤한 사랑을 시작할 때면 온 세상이 아름다워진다. 드라마 속 주인공이 된 듯하다. 하지만 인생을 살아갈수록 사랑하는 사람보다 미워하고 원망하는 사람이 늘어 간다. 심지어 사랑했다가 원수가 되기도 한다. 원수 사랑에 관한 설교를 한 날에는 설교 후 성도들에게 "배우자를 미워하지 않기로 했어요"라는 결단을 심심치 않게 듣는다. 평생을 사랑하고자 결혼한 배우자도 그러한데 다른 사람과의 관계는 오죽할까. 그래서 나는 청년들에게 사랑만 하며 살고 싶을 테지만, 현실은 녹록치 않다는 것을 종종 일깨워주려 한다.

원망과 원수의 대상이 늘어나는 인생에서 미워하고 분노하며 통쾌하게 복수하는 대신 사랑하라니, 예수님에게 이렇게 따지고 싶다. "예수님, 저에게 고통을 준 자들이 고통받아야지, 왜 저에게 이토록 불가능한 사랑이라는 고통을 주시나이까!" 그래서 C. S. 루이스(Lewis)가 「순전한 기독교」(홍성사)에서 원수를 용서하고 사랑하는 것을 "끔찍한 의무"(terrible duty)라고 한 말에 무척 공감한다.

사랑할 수 없는 자를 사랑하다

원수를 사랑하라는 예수님의 말씀 앞에 한숨 푹 쉬며 입을 삐쭉 내밀고 있을 때, 성경은 미움받아 마땅한 원수가 사실 우리였다고 알려 준다. 우리는 하나님을 대적한 교만하고도 악한 '죄인'이라는 것이다. 그리고 원수 사랑을 가르치시는 예수님이 원수와 같은 우리를 위해 기꺼이 생명을 내어 주셔서 몸소 본을 보이셨다는 것이다.

> 곧 우리가 원수 되었을 때에 그의 아들의 죽으심으로 말미암아 하나님과 화목하게 되었은즉 화목하게 된 자로서는 더욱 그의 살아나심으로 말미암아 구원을 받을 것이니라(롬 5:10).

불가능해 보인 원수 사랑을 예수님은 이미 행하셨다. "당신이 해 보십시오. 그것이 가능한지"라고 턱 끝을 들이밀고, 삿대질하며 따지고 싶은 우리에게, 예수님은 생명까지 내어 주시면서 본을 보이셨다.

하나님은 사랑이시다. 사랑이 많으신 분이 아니라 사랑 자체이시다. 그 사랑을 "우리를 위하여 죽으심"으로 "확증"하셨다(롬 5:8). 죽음으로 사랑을 증명하셨다. 원수 사랑이라는 명령 앞에서 고통받으며 몸부림치는 우리에게, '원래 사랑은 고통스러운 거란다. 나도 너를 죽음으로 사랑했어'라고 말씀하시며 친히 보여 주셨다. 주님은 원수 같은 우릴 위해 희롱, 침 뱉음, 채찍질을 당하셨다. 속옷까지 뺏기셨다. 살이 찢기셨고, 피를 쏟으셨고, 고통에 울부짖으셨다. 그러나 그 순간에도 사랑을 행하셨다. 하나님에게 "아버지 저들을 사하여 주옵소서"라고 용서를 비시면서 말이다(눅 23:34).

그 사랑으로 우리는 생명을 얻었고, 하나님의 자녀가 되었다. 그 사랑으로 우리는 더 이상 사랑에 허덕이지 않는다. 그 사랑으로 우리는 이곳저곳을 배회하며 사랑을 구걸하지도 않는다. 그 사랑이 우리를 살린 것이다. 그리고 그 사랑 때문에 우리도 원수를 사랑하게 되었다.

예수님을 따랐던 자들을 보라. 받은 사랑을 고스란히 보여 주었다. 베드로는 "악을 악으로, 욕을 욕으로 갚지 말고 도리어 복을 빌라"(벧전 3:9)고, 바울은 "악을 악으로 갚지 말고 모든 사람 앞에서 선한 일을 도모하라"(롬 12:17)고 가르치면서 말이다. 스데반도 그랬다. 그는 이스라엘 역사를 반추하며 여전히 목이 곧은 유대인들의 죄를 들추었다. 맞는 말이었다. 설교를 들은 유대인들은 마음에 찔림이 있었지만, 회개해야 할 손으로 돌을 들어 스데반을 쳐 죽였다. 스데반은 원수들에게 무고히 죽임당했다. 그런데 그는 죽음을 맞이하며 예수님과 닮은 모습을 보여 주었다. "주여 이 죄를 그들에게 돌리지 마옵소서"(행 7:60).

사랑한다는 것은 말은 쉬우나 실상은 괴로움이다. '나'를 포기하고 내어 주어야 하기 때문이다. 그런데 복음은 이러한 고통스러운 사랑을 가능케 한다. 사랑할 수 없는 자를 사랑하도록 한다. 우리가 먼저 그 사랑을 받았고, 그 사랑에 빚진 자이기 때문이다. 원수 사랑을 완수하신 주님이 그 사랑을 우리에게 맡기셨기 때문이다.

나는 '희생'이라는 말을 적어도 나 자신에게는 잘 쓰려 하지 않는다. '희생'은 예수님의 죽음 외에는 없다는 믿음이 있어서 그렇다. 주님의 희생을 생각하면 나의 어떤 헌신도 내세울 수가 없다. 사랑도 이와 같지 않을까? 예수님의 사랑을 생각하면 우리가 사랑하지 못할 사람이 없다. 십자가 죽음으로 보이신 사랑 앞에서, "주님, 저는 원수를 사랑할 수 없습니다"라고 감히 말할 수 없다. 심지어 그 사랑의 대가를 바랄 수도 없다. 다시 달라 하지 말라 하셨고(눅 6:32), 아무것도 바라지 말라 하셨다(눅 6:35). 우리가 받은 예수님의 사랑이 그런 사랑이다.

지금도 세상 안에는 헤아릴 수 없이 많은 사랑이 오고 간다. 마치 사랑이 늘 풍족했던 것처럼 말이다. 그러나 그리스도인은 지극히 평범한 사랑에 머물러서는 안 된다. 사랑하는 자만을 사랑하는 것, 선대하는 자만을 선대하는 것은 세상 누구나 한다(눅 6:32, 33). 우리는 사랑할 만한 자를 사랑하고, 육욕에 부합한 사랑을 하고, 입맛에 맞는 사랑을 취사선택하면 안 된다. 복음적 사랑으로, 도무지 사랑할 수 없는 자를 사랑함으로 세상에 감동을, 아니 충격을 안겨 주어야 한다.

원수를 사랑하는 삶이 힘들다고, 아깝다고, 몸부림치며 분 내지 말라. 우리를 억압하고 괴롭히는 예수님의 계명은 단 하나도 없다. "완전하여 영혼을 소성"시키는 주님의 말씀이다(시 19:7). 원수 사랑도 끝내 우리를 살리는 생명의 말씀이다.

나를 살리는 '원수 사랑'

우리에게는 원수가 있는데, 만약 그 원수를 사랑하지 않으면 무엇을 하고 있을까? 미움과 증오를 퍼부으며 마음으로 살인을 숱하게 저지르고 있을 것이다. 사랑 없는 자리에 결코 선한 것이 있을 수 없다. 더러운 죄악이 은밀히 뿌리내리며 영혼을 갉아먹는다. 서서히 영혼과 삶이 파괴되어 간다. 베드로가 예수님을 잡으러 온 대제사장의 종의 귀를 베었다. 그러자 예수님이 이렇게 말씀하셨다. "칼을 가지는 자는 다 칼로 망하느니라"(마 26:52). 때리고, 모욕하고, 짓밟고 싶은 복수의 칼날이 도리어 나의 목을 겨눌 때가 온다는 것이다. 그래서 예수님이 말씀하신 '원수 사랑'의 말씀은 결국 우리를 위한 말씀이다. 우리 영혼과 신앙, 삶을 보호해 주시는 말씀이다.

〈우리들의 블루스〉(tvN)라는 드라마는 제주 푸른 바다에 비친 윤슬같이 아름다운 인생 이야기들을 담고 있다. 그중 엄마 옥동(김혜자 분)과 아들 동석(이병헌 분)의 이야기는 큰 감동을 준다. 동석에게는 아버지와 누이의 죽음으로 엄마 옥동 밖에 남지 않았다. 동석은 엄마만 바라보며 거칠고 끈질기게 삶을 버텼다. 그러나 동석과 달리 옥동은 재가하여 새로운 남편과 의붓아들까지 얻는다. 동석은 이 상황이 무척 혼란스러웠다. 그렇다고 삶이 나아진 것도 아니었다. 새아빠의 아들들, 이복형제들에게 매일 얻어맞으며 살았다. 폭력에 시달리는 것도 서러운데, 옥동은 그런 동석을 외면했다. 이러한 시간이 반복적으로 지나면서 동석은 옥동을 원수처럼 대하기 시작한다. 엄마를 '작은 어멍'이라 부르고, 휴대전화에는 '…'이라 저장해 놓으며.

세월이 훌쩍 지나고 옥동은 노쇠한 나이에 위암 말기 판정을 받는다. 처음에는 동석에게 비밀로 하다 시간이 지나면서 동석도 알게 된다. 하지만 꿈쩍도 하지 않는 동석, 그만큼 원망이 깊었다. 옥동은 그런 동석에게 마지막 부탁을 한다. 새아빠 제사를 지내러 같이 가자는 것. 동석은 격렬하게 거부했지만, 끝내는 같이 가게 된다. 동석은 마지막일 수도 있는 이 여정에서 옥동에게 묻고 싶었다. 아니, 자신한테 왜 그랬는지 따지고 싶었다. 사과받고 싶었다. 그런데 모처럼 함께 지낸 그 따뜻한 여행에서 엄마의 진심이 동석의 마음을 서서히 녹였다. 원수에서 본래 모자 관계로 돌아간 것이다.

한겨울도 녹일 만큼 포근했던 여정을 마치고 둘은 집에 도착한다. 그런데 슬프게도 다음 날 옥동은 동석을 두고 세상을 떠난다. 아들이 좋아하는 된장찌개 한 냄비를 끓여 놓은 채, 고요히 잠든 모습으로. 동석은 엄마가 자는 줄 알고 허겁지겁 찌개 한술을 뜬다.

익히 알고 있던 맛이라 마냥 좋아한다. 그러나 그것도 잠시, 동석은 엄마 옥동이 자는 것이 아니라 죽었다는 것을 알게 된다. 동석은 죽은 엄마를 그대로 끌어안고 운다. 그의 모습에 엄마를 향한 증오와 원망은 찾아볼 수 없다. 동석은 그 순간을 이렇게 회상한다.

> 사랑한단 말도 미안하단 말도 없이 내 어머니 강옥동 씨가 내가 좋아하던 된장찌개 한 사발을 끓여 놓고 처음 왔던 그곳으로 돌아가셨다. 죽은 어머니를 안고 울며 난 그제야 알았다. 난 평생 어머니 이 사람을 미워했던 게 아니라 이렇게 안고 화해하고 싶었다는 걸. 난 내 어머닐 이렇게 오래 안고 지금처럼 실컷 울고 싶었다는 걸.
>
> ("우리들의 블루스" 20화)

엄마를 미워하고, 증오하고, 엄마에게 복수하고 싶었지만, 동석이 정말 원한 것은 '화해'였다. 그저 평범한 집 엄마와 아들처럼 사랑받고 사랑하며 살고 싶었던 것이다.

그동안 나도 숱한 원수를 만나 왔다. 지금도 사랑하지 못하는 사람이 있다. 그때마다 마음이라는 은밀한 공간에서 미워하며 살인했고, 지금도 그렇다. 그런데 그 미움은 아무 힘이 없었다. 상대에 대한 날카로운 미움이 도리어 내 영혼을 베었고 병들게 했다. 상대와 멀어지려 했지만 도리어 하나님과 멀어졌고, 추악한 죄를 끊임없이 저질렀다. 그럴 때마다 정말 피하고 싶고, 부정하고 싶었지만, 정답은 '사랑'이었다. 무엇보다도, 내가 진심으로 원하던 것도 '사랑'이었다.

복음의 기적은, 사랑받을 수 없는 내가 사랑받았다는 것, 사랑할 수 없는 자를 사랑하게 되었다는 것이다. 그 기적을 놓치지 않아야 한다. 시인은 "우리의 연수가 칠십이요 강건하면 팔십이라도 그 연수의 자랑은 수고와 슬픔뿐이요 신속히 가니 우리가 날아가나이다"(시 90:10)라고 말한다. 인생은 정말 '찰나'다. 백 년도 채 안 되는 인생, 오늘이 마지막일지도 모르는 아슬아슬한 인생, 누군가를 미워하며 살기에는 너무 아깝다.

십자가 앞으로 나를 데려가 보자. 그 십자가 앞에서 원수였던 나를 위해 통곡하시고 피 흘리신 주님을 똑똑히 바라보자. 그리고 다시 삶의 현장으로 나와 내가 그토록 미워하고 분노하던, 이미 마음으로 죽였던 사람을 바라보자. 우리가 사랑하지 못할 이유가 사라진다. 사랑해야 하는 사명과 사랑하고 싶다는 진심을 깨닫게 된다. 사랑은 그렇게 시작하는 것이다. 그 사랑은 기적적이고 충격적일 것이다. 그 사랑을 행할 때 인생은 훨씬 풍요롭고 행복해질 것이다. 그리고 세상은 그 사랑을 언제나 기다리게 될 것이고, 그 사랑으로 예수님을 만나게 될 것이다.

너와 나의 플렉스 점검하기

| 질문에 답하며 자신을 돌아보고, 진정한 플렉스를 위한 다짐을 나누어 봅시다. |

1. 우리는 누군가의 사랑으로 지금 여기에 있습니다. 여러분에게 가장 큰 사랑을 베풀어 준 사람은 누구이며, 그 사랑은 어떤 사랑이었습니까?

2. 예수님이 말씀하시는 '원수 사랑'은 무엇입니까? 그 사랑과 당시 유대인들이 행하던 사랑, 그리고 우리가 즐기는 사랑에는 어떤 차이가 있습니까?

3. 예수님은 원수 사랑을 무엇으로 실천하셨습니까? 그리고 그 사랑을 받은 주님의 사람들은 어떠한 삶을 살았습니까?

4. 복음 안에서 사랑할 수 없는 사람을 사랑한 적이 있습니까? 그 결과로 주어진 유익과 경험을 나누어 봅시다. 반대로 지금 여러분에게 끔찍이도 어려운 사랑이 있다면 십자가 은혜를 묵상하며, 진정한 사랑을 결단해 봅시다.

Ch. 7

그만 요구하고,

그저
헌신하라

[36] 한 바리새인이 예수께 자기와 함께 잡수시기를 청하니 이에 바리새인의 집에 들어가 앉으셨을 때에 [37] 그 동네에 죄를 지은 한 여자가 있어 예수께서 바리새인의 집에 앉아 계심을 알고 향유 담은 옥합을 가지고 와서 [38] 예수의 뒤로 그 발 곁에 서서 울며 눈물로 그 발을 적시고 자기 머리털로 닦고 그 발에 입 맞추고 향유를 부으니 [39] 예수를 청한 바리새인이 그것을 보고 마음에 이르되 이 사람이 만일 선지자라면 자기를 만지는 이 여자가 누구며 어떠한 자 곧 죄인인 줄을 알았으리라 하거늘 [40] 예수께서 대답하여 이르시되 시몬아 내가 네게 이를 말이 있다 하시니 그가 이르되 선생님 말씀하소서 [41] 이르시되 빚 주는 사람에게 빚진 자가 둘이 있어 하나는 오백 데나리온을 졌고 하나는 오십 데나리온을 졌는데 [42] 갚을 것이 없으므로 둘 다 탕감하여 주었으니 둘 중에 누가 그를 더 사랑하겠느냐 [43] 시몬이 대답하여 이르되 내 생각에는 많이 탕감함을 받은 자니이다 이르시되 네 판단이 옳다 하시고 [44] 그 여자를 돌아보시며 시몬에게 이르시되 이 여자를 보느냐 내가 네 집에 들어올 때 너는 내게 발 씻을 물도 주지 아니하였으되 이 여자는 눈물로 내 발을 적시고 그 머리털로 닦았으며 [45] 너는 내게 입 맞추지 아니하였으되 그는 내가 들어올 때로부터 내 발에 입 맞추기를 그치지 아니하였으며 [46] 너는 내 머리에 감람유도 붓지 아니하였으되 그는 향유를 내 발에 부었느니라 [47] 이러므로 내가 네게 말하노니 그의 많은 죄가 사하여졌도다 이는 그의 사랑함이 많음이라 사함을 받은 일이 적은 자는 적게 사랑하느니라 [48] 이에 여자에게 이르시되 네 죄 사함을 받았느니라 하시니 [49] 함께 앉아 있는 자들이 속으로 말하되 이가 누구이기에 죄도 사하는가 하더라 [50] 예수께서 여자에게 이르시되 네 믿음이 너를 구원하였으니 평안히 가라 하시니라

_눅 7:36-50

욕망이 만든 종교

수능 시즌만 되면 한국의 종교들이 대통합을 이룬다. '수능 대박'이라는 공동의 목표를 두고 같은 기간, 같은 시간에 기도하면서 그간 견제하던 사이에서 기도의 동지가 되곤 한다. 방송국들은 한국의 3대 종교인 기독교, 천주교, 불교의 수능 작정 기도 현장을 보여 주면서, 수험생 자녀를 둔 부모의 간절함과 절실함을 전해 준다.

이와 관련하여 가끔 재미있는 상상도 해 본다. 수능 기간에 드려지는 각 종교의 기도 내용들을 모아 읽어 보게 한 뒤, 과연 그 기도가 어떤 종교의 것인지 알아맞히는 것이다. 당연히 어떤 신에게 비는 것인지는 가린 채 말이다. 결과는 어떠할까? 우리는 기독교의 기도를 찾을 수 있을까? 아마도 정확히 가려내기는 쉽지 않을 것이다. 교역자로서 지금까지 수험생들을 섬기면서, 그들의 부모들이 드리는 비슷비슷한 기도 제목과 내용을 수없이 들어 보았기에 매우 잘 안다.

각 종교는 저마다 믿는 대상과 믿는 바가 다르다. 기독교인은 성부, 성자, 성령인 삼위 하나님을 믿고 섬긴다. 성경 말씀을 일점일획의 오류 없는 진리의 말씀으로 믿는다. 독특하고 유일한, 영원불변의 진리를 믿는 것이다. 따라서 이 진리를 믿는 기독교인은 모든 종교가 같은 것을 두고 기도할지라도 구별된 기도를 해야 한다.

그런데 왜 그러지 못할까? 믿음 생활을 종교 생활로 치부하는 현실 때문이다. 그 병폐로 타 종교와 별반 다를 게 없는 기도가 만연하는 것이다. 역사적으로 볼 때 종교는 인류가 인류를 위해 고안해 낸 번영의 도구이다. 우상을 만들어 절대자의 위치에 놓지만 결국 인간의 힘으로 도저히 이룰 수 없는, 이겨 낼 수 없는 것을 도와주는 스폰서로 여긴다. 또는 고객과 사장의 관계 같기도 하다. 식당에서 가장 높은 직급은 사장이지만, 실상은 고객이 왕이고, 사장은 고객의 주문을 이행하는 서비스직에 불과한 것처럼. 수많은 종교의 신들과 사람 관계도 이와 같다. 종교는 절대자의 영광이 아니라 인간의 안녕을 위해 존재한다.

역사학자 유발 하라리(Yuval Noah Harari)는 「호모 데우스」(김영사)에서 "고대 농업 사회에서는 많은 종교가 형이상학적 질문과 내세에 대해 놀랍도록 관심이 없었"으며, "그 종교들이 중점을 둔 것은 작물 생산량 증대 같은 매우 일상적인 문제였다"고 말한다. 그만큼 당시 사회는 신들에게 특정한 능력을 바랐던 것이다. 어디 고대 사회뿐이겠는가? 본래 모든 역사의 신, 정확히 말하면 우상은 철저히 인간의 필요에 의해서 만들어진 존재다. 이어서 그는 그동안 신에게 바랐던 능력들을 이제는 훨씬 효율적이고 능률적인 과학 문명에 기대하는 것이 현실이라 말한다. 인간이 왜 종교를 만들고 몰두했는지, 또 지금은 왜 절대자를 멀리하고 있는지 그 이유를 알 수 있는 대목이다. 예전에는 소원이라도 빌기 위해 절대자를 찾았지만, 이제는 그마저도 필요 없게 되어 절대자보다 인간의 능력을 종교처럼 떠받들고 신뢰하는 것이다.

그래서 사람이 만든 종교는 사람을 위해 존재하다가 필요 없어지면 폐기되는 것이다. 그리스도인도 이런 경우가 부지기수다. 필요에 따라 하나님을 찾다가 필요가 충족되면 하나님을 찾지 않는다. 하지만 성경은 전혀 다른 이야기를 한다. 성경은 하나님이 사람과 세상을 창조하셨다는 사실을 선언한다. 하나님은 인간이 만들어 낸 종교가 아니라는 것을 말해 준다. 또한 복음은 그리스도만이 죄인인 우리의 구원자이며, 통치자라고 알려 준다. 은혜로 구원받은 우리 인생의 소유권을 더 이상 우리가 주장할 수 없다는 것이다. 그래서 그리스도인의 삶의 첫 번째 목적은 오직 '하나님의 영광'이 되는 것이다.

그런데 현실의 그리스도인은 복음을 종교로 이용하니 다른 종교와 별반 다를 게 없어지는 것이다. 끊임없이 하나님에게 요구하고 닦달하며, 자신의 욕망을 이루고자 하나님을 이용하다가 필요없어지면 찾지도 않는 자가 넘쳐난다. 그러나 복음을 실제로 경험하고, 예수님을 만난 사람은 요구하기보다 헌신한다. 더 달라 요청하지 않는다. 오히려 더 드리고 싶어 안달한다. 자신의 욕망을 꺾고, 도리어 자신의 모든 것, 심지어 생명까지 바치며 살아간다. 본문에 등장하는 한 여인처럼.

감격과 사랑에서 싹튼 헌신

본문에는 두 사람이 등장한다. 의도적으로 이 두 사람을 대조하고 있다. 한 사람은 바리새인, 또 다른 사람은 그저 죄인으로 불리는 한 여인이다. 예수님을 초청하여 식사하고자 하는 상황에서 예수님을 대접하는 두 사람의 태도가 극명하게 나뉜다. 먼저 바리새인은 예수님을 일반적인 손님 정도로 생각했는지 그다지 정중하게 대하지 않는다. 예수님의 표현에 의하면, 그는 예수님에게 발 씻을 물도, 입맞춤도, 그 흔한 감람유도 드리지 않았다(눅 7:44-46).

당시 관습에 따르면 손님이 오면 손과 발을 청결하게 할 수 있는 물과 감람유를 먼저 내와야 한다. 그전에는 식사를 시작할 수 없다. 더러운 손으로는 식사할 수 없기 때문이다. 따라서 손님에게 마땅히 드려야 할 것을 준비하지 않았고, 분명히 예의에 어긋나는 큰 결례를 행한 것이었다. 케네스 베일리(Kenneth E. Bailey)가 「중동의 눈으로 본 예수」(새물결플러스)에서 표현한 대로, 바리새인은 달려가 손님을 영접하고, 몸을 땅에 굽히며 발 씻을 물을 드렸던 아브라함의 "특별한 환대"와는 달리, "씁쓸한 모욕"을 예수님에게 선사한 것이다.

반면 죄인으로 불리는 여인은 예수님을 보자 눈물 흘리며, 그분에게 극진히 예를 갖춘다. 예수님의 발을 자신의 머리털로 닦고, 발에 입 맞추고, 값비싼 향유를 모두 부어 드린다. 손님이 오셨을 때 그 앞에 차려진 상은 손님을 향한 초청자의 마음이다. 손님의 존귀함을 상징적으로 보여 주기도 한다. 가진 것이 많은 바리새인보다 가진 것이 없던 여인이었다. 그러나 이 여인은 자신이 가진 모든 것을 예수님에게 드렸고, 예수님을 향한 마음이 바리새인과는 전혀 달랐다.

결과적으로 예수님은 바리새인을 책망하셨고, 여인을 칭찬하셨다. 높은 지위에 있어 좋은 것을 보고, 듣고, 배운 바리새인이 더욱 품위 있어야 했다. 그러나 반전이 일어난 것이다. 오히려 낮고 천한 여인이 예수님 앞에서 예를 갖추었고, 예수님을 높여 드렸다. 왜 이들의 모습은 이토록 차이가 났을까? 왜 바리새인은 탁월한 율법 지식을 갖고 있으면서도 예수님에게 질책받는 행동을 했을까? 반면 이 여인은 미천한 신분임에도 어떻게 예수님에게 아낌없이 헌신할 수 있었을까? 그것은 바리새인에게는 없던 두 가지가 여인에게는 있었기 때문이다.

우선 여인에게는 예수님을 만난 감격이 있었다. 그래서 생명처럼 귀하게 여긴 향유를 드릴 수 있었다. 이 사실을 어떻게 알 수 있을까? 예수님을 만난 여인의 모습을 보라. 예수님의 발 곁에 서서 하염없이 울었다. 본문은 그 울음의 이유를 굳이 설명하지 않았다. 그러나 우리는 알 수 있다. 우리도 예수님을 인격적으로 만났을 때 펑펑 울었기에. 여인의 눈물이 지난날 우리가 흘렸던 눈물과 다르지 않기에. 부연이 필요 없는 감격 어린 눈물이었다.

여인은 죄인이었다. 무슨 죄를 지었는지는 모른다. 몸을 팔았을 수도, 범죄를 저지른 남자의 아내일 수도, 부도덕한 행실로 율법을 어겼을 수도 있다. 그렇게 죄를 일삼으며 죄의 질곡에 매여 고통에 시달렸을 그 인생이 예수님을 만난 것이다. 돌에 맞아 죽어도 이상하지 않을 여인이었기에, 그는 "나 같은 죄인 살리신 그 은혜 놀라워"라며 소낙비 같은 눈물을 흘렸을 것이다.

여인이 보인 감격은 순간의 감상이 아니었다. 은혜에 대한 반응이었다. 헤어 나올 수 없는 죄의 수렁으로 예수님이 직접 찾아오신 은혜, 더러운 죄인을 친히 끌어안으신 은혜, 죄를 사하시고 어여쁘다고 받아 주신 은혜를 얻었다. 어찌 감격 어린 눈물을 감출 수 있을까. 그 은혜로 새 삶이 주어진 여인은 더 이상 자신의 욕망과 소유를 주장할 수 없었다. 주님에게 모든 것을 드리겠다는 헌신만을 다짐할 뿐이었다.

반면, 바리새인은 본인이 지닌 전문성과 의로움에 도취되어 있었다. 여인을 정죄할 수 있는 높은 위치에 있었다. 그러나 그는 예수님이 누구이신지 알아보지 못했다. 여인의 눈물과 헌신을 당최 이해하지 못하는 것도 어찌 보면 당연했다. 아마도 그는 그 여인이 극성맞다고 생각했을 것이다.

나는 모태 신앙으로 자랐지만 내 안에 뜨거운 신앙심은 없었다. 피아노 반주와 가끔 하는 교회 청소를 고되고 귀찮은 노동으로 여겼다. 내 뜻대로 되는 것이 없어 불만투성이였다. '왜 하나님은 나를 도와주시지 않고 힘들게만 하시지?' '왜 하나님은 내 기도를 들어 주시지 않고 나를 방치하시지?' 이런 생각뿐이었다. 그때 나도 하나님을 내 욕망을 이루어 주는 조력자로 여겼던 것이다. 그러니 불평불만을 늘어놓으며 하나님에게 삿대질했던 것이다. 하나님은 나를 도와주시고 채워 주셔야 하는 존재였으니까.

그러다 스무 살이 넘어서 예수님을 만났다. 주님을 증오했던 나였다. 수많은 수련회를 참석하면서도 예수님을 만나 울고불고 하던 친구들과는 달리 조금의 감흥도 없던 나였다. 그만큼 그분과의 만남에 관심이 없었다. 하지만 그런 나에게도 그분이 찾아오셨다. 만나고 싶다거나 도와 달라고 하지 않았다. 그저 '은혜'였다. 그때 눈물을 펑펑 쏟았던 기억이 생생하다. 약해지기 싫어 잘 울지 않던 나였다. 울 시간도 아깝다고 생각하던 완고한 나였다. 그런 내가 예수님을 만나니 눈물이 쏟아졌다. 하나님에게 삿대질하며 욕했던 나를 버리지 않으시고 찾아오신 예수님을 만나니 그제야 불안한 인생이 평안해졌고, 안심되고, 감사가 넘쳤다. 그렇게 내 영혼의 그늘이 한 꺼풀 벗겨지기 시작했다. 그 순간 내 욕구가 채워지지 않아 불만으로 가득했던 마음이 변화되기 시작했다. 그리고 입술이 불가항력적으로, 뭐에 홀린 듯 이렇게 움직였다. "주님, 이제 주님을 위해 살고 싶습니다. 저를 사용하여 주옵소서." 여인의 눈물, 나의 눈물, 예수님을 만난 모든 이의 눈물, 그리고 그 눈물 뒤에 따라오는 헌신의 다짐이 모두 이와 같지 않을까?

그다음으로, 여인이 헌신할 수 있었던 것은 여인에게 주님을 향한 '사랑'이 있었기 때문이다. 예수님은 여인이 헌신한 이유를 바리새인에게 말씀하실 때, 비유 하나를 들어 설명하신다. 오백 데나리온을 빚진 자와 오십 데나리온을 빚진 자가 있는데 이 둘이 모든 빚을 탕감받았다고 가정한 후 이렇게 물으신다. "갚을 것이 없으므로 둘 다 탕감하여 주었으니 둘 중에 누가 그를 더 사랑하겠느냐"(눅 7:42).

말해 뭐하겠는가. 당연히 더 많은 금액을 탕감받은 자가 은혜를 베푼 자에게 더 감사하며, 그를 더 사랑할 것이다. 더 큰 형벌로부터 자유와 해방을 얻었기 때문이다. 예수님은 하나님 앞에서 의무를 다하지 못한 죄와 채무를 이행하지 못해 발생한 빚을 교묘히 엮으셨다. 죄 지은 자는 하나님의 심판을 받아야 했고, 빚을 갚지 못한 자는 노예가 되어야 했다. 그래서 바리새인에게 했던 질문을 우리에게 이렇게 적용할 수 있다. "죄 사함을 받은 사람과 받지 않은 사람 중 누가 더 주님을 사랑하겠는가?"

죄 사함의 은혜를 깊이 경험한 여인은 예수님을 사랑할 수밖에 없었다. 그 사랑은 강요가 아니라 자발적이었다. 은혜를 주신 분을 사랑하지 않는 것은 불가능하다. 예수님을 왜 사랑하는가? 그분에게 받은 은혜가 크기에 그 은혜가 주님을 향한 사랑으로 자연스럽게 드러나는 것이다. 그리고 그 사랑은 반드시 헌신으로 이어지게 된다.

사랑은 헌신의 강력한 동기다. 사랑하면 아까울 게 없다. 뜨거운 사랑을 나누는 연인을 보라. 보상을 바라지 않고 막 퍼 준다. 그러다 헤어지면 그동안 퍼 주었던 것이 아까워 계산기를 두드린다. 자녀에게 헌신하는 부모를 보라. 몸과 삶이 피곤으로 찌들어도, 자녀가 '방긋' 한 번 웃어 보이면 그것이 가장 큰 보상이 된다. 하지만 자녀와 싸우기라도 하면 지난 세월을 아까워하며 "내가 너를 어떻게 키웠는데!"라는 날카로운 말이 절로 나온다.

우리와 예수님의 관계도 같다. 예수님을 열렬히 사랑하면, 다 드리고 싶다. 더 드릴 게 없나 주머니를 뒤진다. 그러다 예수님보다 사랑하고 중요한 것이 생기면 태도가 싹 바뀐다. 예수님은 뒷전이고 지금 내가 사랑하는 것에 헌신을 쏟는다. 예수님을 뒷방 늙은이처럼 귀찮아하기까지 한다.

여인은 자신의 전부와도 같던 향유를 쏟아 부었다. 그 향유는 전 재산이었기에 생명줄과 다름없었다. 여인은 단순히 향유가 아닌 생명을 쏟아 부은 것이다. 일말의 주저함도 없었다. 예수님을 만나 몹시 좋았고, 그분을 애타게 사랑했기에 가능했다. 자신과도 같던 향유를 쏟아 부은 여인은, 정말 자신을 쏟아 헌신한 사도 바울의 고백, "전제와 같이 내가 벌써 부어지고"(딤후 4:6)를 떠오르게 한다.

당신은 은혜로 구원받은 자로서 감격하고 있는가? 나를 먼저 사랑하신 예수님을 사랑하고 있는가? 복음을 믿지만, 여전히 주님을 닦달하며 주님에게 요구만 하고 있다면 내 안에 감격과 사랑이 없다는 증거다. 이렇게 되면 그리스도인이 아닌 종교인으로 무미건조하게 살아갈 수밖에 없다. 그러나 은혜에 대한 감격, 은혜를 주신 분에 대한 사랑이 영혼을 적시면, 그 영혼이라는 밭에 헌신의 싹이 움틀 수밖에 없다. 헌신하지 않고는 살지 못한다.

헌신의 미덕이자 절정, 침묵

예수님을 만난 감격, 예수님을 향한 사랑은 우리를 헌신의 삶으로 이끈다. 이뿐만이 아니다. 놀라운 헌신의 태도를 갖게 한다.

본문 말씀은 여인과 바리새인의 행동을 교차적으로 보여 주는데, 두 모습이 판이하다. 여인은 한마디 말도 하지 않은 채 행동만 한다. 반면 바리새인은 행동 없이 말만 한다. 여인의 행동하는 헌신과 바리새인의 말뿐인 겉치레가 극명하게 비교된다. 바리새인은 요란했지만, 예수님에게 질책만 들었다. 여인은 침묵을 유지하며 예수님에게 헌신을 드렸더니, 예수님은 이 모습을 칭찬하셨다. 여인이 아무 말 하지 않았던 것은 내향적인 성격 때문이 아니다. 하나님의 영광 앞에서 감히 고개를 들 수 없고, 그 무엇도 드러낼 수 없었기 때문이다. 그렇게 모든 것을 쏟아 부으며 헌신하면서도 부끄러운 모습으로 주님 곁에 있었다. 스펄전의 표현대로 "거룩한 수줍음"을 드러낼 뿐이었다.

우리가 흔히 볼 수 있는 한국 교회 교인이라면 어땠을까? 예수님의 발을 자신의 머리털로 직접 닦았다고 간증하고 다니며 이름 석 자를 대대적으로 홍보하지 않았을까? 예수님의 발을 닦은 위대한 신앙인으로 예수님보다 더한 호사를 누리지 않았을까? 유명 간증 프로그램에 출연해서 값비싼 향유를 부어 드렸다고 말하면서 주목받지 않았을까? 강단에서는 예수님을 대접한 그를 치하하고, 그는 청중석에 앉아 내심 우쭐해하지 않았을까? 타 종교와 구별도 안 되는 수능 기도로 욕망을 드러내며 종교 생활하는 그리스도인과 다른 게 대체 무엇인가!

여인이 보여 주었듯, 진정한 헌신은 사람이 아닌 예수님을 주목하게 만든다. 사람의 이름이 아닌 주님의 이름이 드러나게 한다. 내 이름을 누가 알아주지 않아도, 내 공로를 아무도 인정해 주지 않아도 서운해하지 않는다. 그 헌신을 후회하지도 않는다. 헌신 그 자체를 즐거워하고 행복해한다. 오히려 예수님이 아닌 내가 드러나면 결과에 상관없이 실패라 여기며 가슴 아파 한다. 주님을 몹시 사랑하기에, 받은 은혜가 매우 크기에 그렇다. 그래서 사도 바울은 자신을 전제와 같이 쏟아 부으며 사역을 감당했지만, 이렇게 겸손히 고백할 수밖에 없었다.

> **이 복음을 위하여 그의 능력이 역사하시는 대로 내게 주신 하나님의 은혜의 선물을 따라 내가 일꾼이 되었노라 모든 성도**

> 중에 지극히 작은 자보다 더 작은 나에게 이 은혜를 주신 것은 측량할 수 없는 그리스도의 풍성함을 이방인에게 전하게 하시고 영원부터 만물을 창조하신 하나님 속에 감추어졌던 비밀의 경륜이 어떠한 것을 드러내게 하려 하심이라(엡 3:7-9).

복음의 일꾼으로서 사명받은 것도 은혜이기에, 자신의 어떤 것도 높이거나 드러낼 수 없다는 굳은 마음을 느낄 수 있는 말씀이다. 그러니 은혜의 감격과 주님을 향한 사랑으로 헌신하는 자여, 부디 이름을 남기지 말라. 말로만 주님의 영광을 외치지 말고, 행동하는 헌신으로 주님의 영광만 드러내라. 주님만 아시면 된다고 말로만 하지 말고, 진짜로 주님만 알도록 일하라. 이것이 진정한 헌신이다.

향기 나는 헌신의 삶

지난날, 우리는 하나님에게 참 많은 것을 요구하며 살았다. 물론 아버지이신 하나님에게 구하지 못할 것은 없다. 어린아이와 같이 구해도 된다. 하지만 언제까지 유아기에만 머물 수 없다. 끝없는 은혜와 사랑을 받았다면 주님을 사랑할 수밖에, 주님에게 헌신할 수밖에 없다. 그리고 그 어떤 헌신도 주님 앞에서 감히 공로로 내

세우지 못한다.

이런 헌신 있는 삶이 향기로운 인생이다. 여인이 옥합을 깨뜨렸을 때 그 방은 향기로 가득했을 것이다. 그 향기는 소리도 형체도 없지만 함께 있는 자에게 감동과 기쁨을 선사했을 것이다. 인지 과학자 A. S. 바위치(Barwich)는 「냄새: 코가 뇌에게 전하는 말」(세로북스)에서 "냄새는 감정적, 정서적으로 우리를 움직이도록 부추긴다"고 말한다. 맛있고 기분 좋은 냄새는 사람의 마음과 몸을 이끈다. 향기로 자신을 치장하는 것도 결국 나를 감추기보다 사람을 끌어오기 위함이다. 여인의 헌신으로 깨어진 향유의 향기도, 함께 있던 자들이 헌신하고 싶도록 그들의 감정과 정서를 움직였을 것이다. 예수님은 이렇게 향기를 내뿜는 자를 기뻐하시고 칭찬하신다.

'당신은 요즘 무엇을 기도하고 있는가?'라는 질문에 아마도 우리는 술술 대답할 것이다. 바라는 게 참 많은 우리이고, 그 바람을 하나라도 하나님에게 떠안겨 드려서 이루어 내고 싶은 것이 우리이기 때문이다. 그러나 '당신은 요즘 무엇을 헌신하고 있는가?'라는 질문에는 얼마나 많은 사람이 주저 없이 대답할 수 있을까? 대답보다 핑계가 줄을 서지 않을까? 예수님을 믿지만 그분의 영광보다 자신의 행복이 중요하다면 우리는 '믿음' 아닌 '종교' 생활에 머무는 상태일 것이다.

우리는 이미 "모든 것을 가진 자"다(고후 6:10). 지금 우리에게 필요한 것은 요구가 아닌 헌신이다. 그것이 복음을 믿는 그리스도인의 독특함이다. 진리를 갖고도 여전히 이방인처럼 종교적 욕망으로 생떼를 부리는 것이 아니라 주님으로 감격하고, 주님을 사랑하며, 주님에게 헌신해야 한다. 여인의 향유같이 내가 생명처럼 여기는 시간, 물질, 재능, 건강을 아낌없이 내어 드리면서 말이다. 이러한 헌신이 깨어질 때 비로소 향기로운 인생이 된다. 그 향기는 내 안에만 머물지 않는다. 어느새 주위로 퍼져 나가 다른 이의 몸과 마음을 움직여 헌신에 동참하게 만들 것이다.

혹시 수험생 자녀를 둔 부모라면, 당장 기도부터 이렇게 바꿔 보면 어떨까?

> 주님, 여인이 생명과도 같은 옥합을 깨뜨려 드렸듯이,
> 저에게 가장 귀한 자녀를 주님에게 드립니다.
> 이 아이가 구원의 은혜에 감격함으로,
> 구원하신 주님을 사랑함으로,
> 헌신의 향기가 가득한 인생을 살아가게 하소서.
> 주님의 나라와 교회를 위해 아낌없이 사용하여 주시고,
> 이 아이의 인생으로 오직 주님만이 영광과 주목을 받아 주소서.
> 우리 생명과 주인이신 예수 그리스도의 이름으로 기도합니다.
> 아멘.

너와 나의 플렉스 점검하기

| 질문에 답하며 자신을 돌아보고, 진정한 플렉스를 위한 다짐을 나누어 봅시다. |

1. 역사적으로, 인류는 인간의 번영을 위해 종교를 만들고 그것을 믿어 왔습니다. 그렇다면 지금은 왜 사람들이 종교 혹은 절대자와 거리를 두고 있습니까? 혹시 우리도 이렇지는 않은지 솔직히 나누어 봅시다.

2. 바리새인은 예수님을 일반적인 손님 정도로 대접했고, 여인은 생명과도 같은 향유를 아낌없이 부어 드리면서 예수님을 아주 귀한 손님으로 대접했습니다. 이 둘의 행동이 이토록 차이 나는 이유는 무엇입니까?

3. 여인은 예수님에게 생명을 다해 헌신하면서도 침묵으로 겸손했습니다. 어떻게 그럴 수 있었나요?

4. 여러분의 헌신은 어떤 모습입니까? 이 장을 읽고 받은 도전이 있다면 앞으로 무엇을, 어떻게 헌신할지 결단해 봅시다.

Ch. 8

황금 인맥이

진짜 이웃이라는 착각

[25] 어떤 율법 교사가 일어나 예수를 시험하여 이르되 선생님 내가 무엇을 하여야 영생을 얻으리이까 [26] 예수께서 이르시되 율법에 무엇이라 기록되었으며 네가 어떻게 읽느냐 [27] 대답하여 이르되 네 마음을 다하며 목숨을 다하며 힘을 다하며 뜻을 다하여 주 너의 하나님을 사랑하고 또한 네 이웃을 네 자신같이 사랑하라 하였나이다 [28] 예수께서 이르시되 네 대답이 옳도다 이를 행하라 그러면 살리라 하시니 [29] 그 사람이 자기를 옳게 보이려고 예수께 여짜오되 그러면 내 이웃이 누구니이까 [30] 예수께서 대답하여 이르시되 어떤 사람이 예루살렘에서 여리고로 내려가다가 강도를 만나매 강도들이 그 옷을 벗기고 때려 거의 죽은 것을 버리고 갔더라 [31] 마침 한 제사장이 그 길로 내려가다가 그를 보고 피하여 지나가고 [32] 또 이와 같이 한 레위인도 그곳에 이르러 그를 보고 피하여 지나가되 [33] 어떤 사마리아 사람은 여행하는 중 거기 이르러 그를 보고 불쌍히 여겨 [34] 가까이 가서 기름과 포도주를 그 상처에 붓고 싸매고 자기 짐승에 태워 주막으로 데리고 가서 돌보아 주니라 [35] 그 이튿날 그가 주막 주인에게 데나리온 둘을 내어 주며 이르되 이 사람을 돌보아 주라 비용이 더 들면 내가 돌아올 때에 갚으리라 하였으니 [36] 네 생각에는 이 세 사람 중에 누가 강도 만난 자의 이웃이 되겠느냐 [37] 이르되 자비를 베푼 자니이다 예수께서 이르시되 가서 너도 이와 같이 하라 하시니라

_눅 10:25-37

양아치가 없는 교회

“요즘 교회에 양아치가 없어요.”

교회 학교를 함께 섬겼던 한 교사가 한 말이다. 처음에는 교회에 바른 품행을 갖춘 아이들이 늘어난다는 의미인 줄 알았는데, 그 뜻이 아니었다. 교회를 다닐 만한 아이들만 교회에 나오는 현실을 바라보면서, 사회에서 배제되거나 문제아로 찍혀 오갈 곳 없는 아이들이 교회에 없는 현실을 바라보면서 나온 탄식이었다. 듣고 보니 교회의 담벼락이 높아졌다는 체감이 확 들었다. 정말 교회 학교 학생들을 보면 믿음의 가정에서 자란 아이들이 대부분이었다. 의외의 인물을 교회 안에서 찾기가 쉽지 않았다. 이런 현상은 다른 교회도 마찬가지였다.

내가 어릴 적에는 교회 학교에 문제아가 꽤 많았다. 교회에서도 폭력이나 음주 사건을 자주 목격했을 정도였다. 수련회 때는 사건 사고가 반드시 일어났다. 당시 담당 교역자나 교사들은 아이들이 저지르는 사건 사고로 몸살을 앓아야만 했다. 그런데 지금은 이런 일이 많이 줄었다. 내가 몸담고 있는 사역 현장만큼은 그랬다. 철없이 구는 것 빼고는 주로 무던한 아이들이 예배에 참석한다. 도대체 그 양아치들은 다 어디로 갔을까? 세상이 바로잡혀 그런 아이들이 없어진 것일까? 절대 그렇지 않다. 지금도 지천에, 특히 밤만 되면 거리를 배회하며 방황하는 아이가 많다. 그런데 왜 그런 아이들이 교회에는 없을까?

질문을 바꿔 보자. 만약 우리가 다니는 교회에 불량한 학생 무리가 찾아온다면 어떨까? 선입견이나 거리낌 없이 받아 줄 수 있을까? 그래도 예수님의 마음으로 반가워하며 교회에 등록하게 만들었는데, 만약 그들이 교회 분위기를 흐리거나 말썽을 일으킨다면 어떨까? 계속 교회에 다니면서 함께 믿음 생활을 하자고 유쾌하게 말할 수 있을까? 만약에 그 무리가 교회 안에 있는 내 가족에게 불편을 주어도 여전히 예수님의 마음을 가질 수 있을까? 막상 그 상황이 닥치면 눈살을 찌푸리며 양아치들을 흘겨보는 우리 모습을 발견하게 될 것이다. 그만큼 교회와 우리 마음의 문턱이 높아진 게 아닐까 싶다.

요즘에는 교회뿐 아니라 세상도 '이웃'이라는 개념이 희미해져 간다. 이를 잘 보여 주는 사건이 있다. 아파트가 많이 지어지면서 임대 아파트에 산다는 이유만으로 차별받는 일이 종종 일어난다. 임대 아파트 주민들은 단지 내 놀이터와 경로당, 주차장 등 편의 시설을 이용하지 못하는 서러운 차별을 겪고, 심지어 학교를 가기 위해 이용하는 통학 버스도 임대 아파트에 사는 아이들은 이용할 수가 없다.* 임대 아파트 단지 주민의 77퍼센트가 차별을 경험했다는 기사를 보면, 그 차별이 얼마나 심각한지 짐작할 수 있다. 상생하자는 좋은 취지의 사업이 차별과 갈등을 조장하는 꼴이 된 것이다.

이 문제는 아이들 사이에서도 나타난다. 실제로 내가 교회 학교를 섬기면서도 빈번하게 경험했던 일이다. 교회와 학교 주변에 여러 아파트가 있었는데, 이 아파트는 네임 밸류에 따라 A, B, C, D 등급으로 나뉘어 있었다. 그러니 이중에 어느 아파트에 들어가느냐에 따라 빈부가 판가름 나는 것이다. 그러다 보니 거주하는 아파트는 자연스레 아이들 사이에서 계급장이 되어 버렸다. 아이들은 자기들이 사는 아파트에 따라 내심 콧대가 높아지기도 하고, 주눅 들기도 했다. 참 안타까운 일이다.

우리는 하나의 하늘 아래, 하나의 땅을 딛고 살아가는 '이웃'이다. 우리는 누가 높고, 누가 낮다고 말할 수 없는 존재다. 인류라는 하나의 공동체를 이루었기에 험난한 역사를 뚫고 지금 우리가 여기에 있는 것이다. 그런데 이제는 사회를 벗어날 수 없는 인간이, 사회를 이루는 이웃이라는 관계를 부정해 가고 있으니 마음이 아플 수밖에 없다.

우리는 원래 '이웃'이라는 말보다 '이웃사촌'이라는 말을 많이 썼다. 단순히 가까이 산다는 의미에 그치지 않고, 이웃이 사촌만큼 친밀하다는 의미가 더해진 것이다. 옛날에는 담장이 낮고, 이웃을 가족처럼 여겼다. 우리는 그렇게 함께 사는 민족이었다. 현대에는 높고 멋진 아파트가 늘고 있지만, 이웃과의 관계는 점차 낮아지고 있는 현실이다. '같이의 가치'보다 '나 혼자 산다'의 꿈을 더 좇게 되었다. 이렇게 이웃이라는 개념이 소멸되고 있다. 양아치 한 명 찾기 힘들어진 지금의 교회와 성도도 이러한 시류에 분명 영향받았을 것이다.

그렇다면 우리는, 교회는 어떤 이웃이 되어 주어야 할까? 저마다의 기준으로 이웃을 삼아 날카로운 경계선을 긋고, 명목상 이웃만 늘어날 뿐 진정한 이웃 하나 찾기 힘든 이 세상과 우리는 어떻게 달라야 할까?

율법 교사의 착각

본문에 한 율법 교사가 등장한다. 그리고 예수님을 '시험'하며 질문 하나를 던진다.

> 어떤 율법 교사가 일어나 예수를 시험하여 이르되 선생님 내가 무엇을 하여야 영생을 얻으리이까(눅 10:25).

예수님에게 '영생'에 관한 질문을 했다. 구원받는 방법에 대한 것이었다. 그러자 예수님은 네가 읽는 율법에는 무엇이라 기록되어 있는지 반문하시고, 이에 율법 교사는 이렇게 대답한다.

> 대답하여 이르되 네 마음을 다하며 목숨을 다하며 힘을 다하며 뜻을 다하여 주 너의 하나님을 사랑하고 또한 네 이웃을 네 자

신같이 사랑하라 하였나이다(눅 10:27).

'하나님 사랑'과 '이웃 사랑'이라 답했고, 예수님은 정확한 답이라며 칭찬해 주셨다. 그러나 예수님은 칭찬과 함께 이웃 사랑을 겉핥기로 논하는 율법 교사의 실상을 꿰뚫어 보시기도 했다. 스스로 이웃 사랑을 실천하고 있다는 착각의 늪에서 그를 꺼내 주시고자 했다. 그러나 이를 아는지 모르는지, 눈치 없는 율법 교사는 여전히 자신이 옳다고 여기면서 질문 하나를 더한다. "내 이웃이 누구니이까?"(눅 10:29) 그는 공부깨나 한 학자로 영생에 관한 교리를 통달하고 있었고, 그 일부인 이웃 사랑 역시 빠삭하여 자신 있어 보였다.

당시 율법 교사가 나눈 사랑을 경험한 사람이 있었을까? 율법 교사를 정겨운 이웃이라 생각한 사람이 몇 명이나 있었을까? 만약 있었다면 예수님이 율법 교사를 크게 치하하셨을 것이다. 백부장을 "이만한 믿음은 만나 보지 못하였노라" 하시며 높이셨듯이(눅 7:9), 군중 앞에서 율법 교사를 가리키면서 "이만한 이웃 사랑을 실천한 사람을 만나 보지 못하였노라"고 후히 칭찬하셨을 것이다. 그러나 예수님은 그렇게 하지 않으셨다. 율법 교사의 대답은 옳다 하셨지만, 행동은 칭찬하지 않으신 것도 이 때문이다. 오히려 말한 대로 행하라고 당부하셨다. 율법 교사는 지식으로는 알고 있었지만 뭔가 단단히 착각하고 있었다.

"하나님 사랑, 이웃 사랑"을 외치지 않는 교회가 있을까? 이것은 대부분의 한국 교회가 가진 대표 표어이다. 이웃에 관심을 두지 않는 교회는 없다. 있어서도 안 된다. 그러나 실제로 한국 사회는 한국 교회를 좋은 이웃으로 인식하지 않는다. 종교 호감도를 묻는 한 설문에 따르면 1,000명 중 25.3퍼센트만 기독교에 호감이 있다고 답했다. 천주교를 선택한 65.4퍼센트, 불교를 선택한 66.3퍼센트와 비교할 때 꽤 낮은 수치다. 기독교에 호감이 낮은 이유를 살펴보니 '배타성' 때문이었다. 천주교에 대해서는 '도덕적', '헌신적', '희생적'이라는, 불교에 대해서는 '포용', '상생', '친근'이라는 이미지를 가지고 있었다. 그리고 한국 교회가 앞으로 나아가야 할 방향에 대해 26.7퍼센트의 응답자가 "사회적 약자를 돕는 교회"라고 답했다.**

그리스도인으로, 목사로 사회를 섬겨 온 사람으로서, 억울한 면이 있지만, 억울하다고 무시할 수 있는 문제는 아니다. 받는 사람이 아니라면 아닌 거다. 감동을 주지 못한 책임이 있는 거다. 우리만의 언어와 문화로 오는 사람도 막고, 있던 사람도 내보내는 교회의 배타성은 만성질환이 되었다. 소외와 배제, 비판과 차별을 겪는 이들이 언제든지, 거리낌 없이, 당당하게 찾아오지 못하도록 거대한 장벽을 쌓아 게토화된 것은 우리 책임이다.

복음주의 설교자 존 스토트(John Stott)는 「살아 있는 교회」(IVP)에서 교회는 "이중 정체성"(double identity)이 있어야 한다고 말했다. 이는 "교회는 하나님을 예배하도록 세상에서 부름받았을 뿐 아니라 증거하고 섬기도록 세상으로 다시 보냄받은 한 백성"이라는 뜻을 담고 있다. 그리스도인은 교회 안에서 예배할 뿐 아니라 세상 속에서 이웃을 섬기는 이중적 사명이 있다는 것이다. 거룩을 지키느라 세상을 소홀히 하고, 세상을 따르느라 거룩을 상실해 가는 교회에 경종을 울리는 말이다.

그래서 하나님은 하나님만 사랑하라고 하지 않으셨다. 이웃만 사랑하라고도 하지 않으셨다. 하나님을 사랑하고, 이웃을 사랑하라고 하셨다. 이 둘을 분리하지 않으셨다. 취사선택하라고 하지 않으셨다 하나님을 사랑한다면 그 사랑이 이웃에게 흘러갈 수밖에 없고, 이웃을 사랑한다면 사랑이 그 원천인 하나님에게로 향할 수밖에 없기 때문이다.

아마도 율법 교사는 지식은 있었으나 행함이 없었을 것이다. 말로는 이웃 사랑을 주장했지만, 실제로 그에게 사랑받은 이웃은 없었다. 예수님은 이를 간파하신 것이다.

보고도 피한 방관자들

율법 학자는 지식적으로는 뛰어났다. 그러나 그 지식을 자기 입맛대로 적용했다. '이웃 사랑'도 마찬가지였다. 이웃을 사랑해야 한다는 것은 누구보다 잘 알았다. 그러나 그에게 이웃은 없었다. 이웃의 '범위'를 제 입맛대로 설정했기 때문이다. 그래서 그는 이웃 사랑을 온전히 실천할 수 없었다. "내 이웃이 누구니이까"라고 예수님을 향하여 자신 있게 물었지만, 정작 그는 자신의 이웃이 누구인지 몰랐다.

유대 종교 지도자들은 이웃의 범위를 철저히 제한하였다. 창기, 세리, 사마리아인같이 죄인으로 여기던 이들은 상종도 하지 않았다. 외식하는 자였기에 위선적으로, 사람의 시선과 인정이 있는 곳에서는 그들을 도왔을 수도 있다. 그러나 진심으로 그들을 이웃으로 여기지 않았다. 신분이 낮거나 흠 있는 사람을 이웃이라 생각하기는커녕 경멸하였다. 공동체에서 철저히 배제하기도 했다. 예수님은 이 사실을 모두 아셨다. 그래서 이웃 사랑에 관해 심각한 착각에 빠진 이들을 꺼내고, 이들의 오류를 낱낱이 밝히기 위해 비유 하나를 드셨다.

그 비유는 이랬다. 어떤 사람이 예루살렘에서 여리고로 가는 중이었다. 불운하게도 길에서 강도를 만났고, 모든 것을 빼앗겨 죽을 위기에 놓이게 되었다. 여러 학자는 이 길이 험하다는 사실을 강조한다. 비유를 듣는 청중도 알았을 것이다. 비탈이 심하고 바위도 많고, 강도들이 은신해 있어서 위험하기로 악명 높은 곳이었다는 것을 말이다. 이 비유를 들었을 때 청중은 고개를 끄덕이며 큰 의문 없이 받아들이고, 귀를 기울였을 것이다.

강도 만난 자는 자신을 구해 줄 사람이 필요했다. 이를 모르실 리 없는 예수님은 영웅이 될 법할 제사장과 레위인을 대기시켜 놓고 차례로 등장시키셨다. 제사장과 레위인은 율법 교사와 같이 이웃 사랑을 온전히 실천하고 있다고, 청중은 철석같이 믿고 있었다. 이 믿음은 기대가 되었을 것이다. 성전을 섬기며 정결에 힘썼을 그들은 동경의 대상이었으니 당연한 일이었다. 그래서 청중은 이 두 사람이 강도 만난 자를 어떻게 도우며 율법을 실천할지에 관심을 쏟았을 것이다. 귀 기울이며, 마음에 깊이 새길 준비를 하면서 말이다. 두 팔을 걷어붙인 채 함성과 함께 박수 칠 준비를 했을 것이다.

그런데 어찌된 일인가. 반전이 일어났다. 귀을 의심할 만큼 초라한 결과가 들렸다.

> 마침 한 제사장이 그 길로 내려가다가 그를 보고 피하여 지나가고 또 이와 같이 한 레위인도 그곳에 이르러 그를 보고 피하여 지나가되(눅 10:31, 32).

제사장은 강도 만난 자를 보고 피했다. 뒤에 등장한 레위인도 똑같이 행동했다. 추측하건대, 가깝지 않은 길이었기에 말을 타고 갔을 것이고, 여비도 넉넉했을 것이다. 그래서 누군가를 도울 힘이 충분했을 것이다. 그러나 아무런 행동을 하지 않았다. 심지어 보고도 피했다. 못 봤다는, 기억나지 않는다는 흔한 거짓말은 통할 수 없었다.

제사장과 레위인은 율법에 의해, 부정한 시체를 만지면 정결법에 저촉된다는 자기 합리화를 펼칠 수도 있다. 오히려 혀를 차면서 범죄를 저지른 강도를 욕하며, 하나님의 심판을 구했을 수도 있다. 그리고 '나는 강도보다 낫다'고 생각했을 수도 있다. 그런데 예수님은 제사장과 레위인이 핑계로 책임을 면치 못하도록 하셨다. 거룩의 표상이었던 그들이 "보고 피하여 지나[갔다]"고 하시면서 그들이 방관했음을 정확하게 지적하셨다.

탈영병들을 잡는 군무 이탈 체포조(Deserter Pursuit) 이야기를 다룬 드라마 〈D.P.〉(넷플릭스)가 세간에 화제를 일으켰다. 병영 부조리를 고발하는 드라마로, 상상 이상의 일들이 군대 안에서 벌어지고 있음을 보여 주었다. 꽃다운 청년들이 끔찍한 폭력과 가혹 행위를 당해 목숨을 잃었다. 나는 이 드라마를 보면서 비인간적인 행태에 분노하지 않을 수 없었고, 가해자들을 가장 무서운 형벌로 처벌해야 한다고 가슴 치며, 분통해하며 보았다.

그러다가 마지막 에피소드를 보는데, 머리를 한 대 세게 맞은 기분이 들었다. 마지막 에피소드의 제목은 '피해자들'도, '가해자들'도 아닌, '방관자들'이었다. 에피소드 말미에 주인공 안준호(정해인 분)가 자신이 첫 D.P.를 맡았지만 실수로 놓친, 결국 자살로 생을 마감한 신우석(박정우 분)의 납골당 앞에서 그의 사진과 유골함을 바라보는 장면이 나왔다. 그때 우석의 누나가 준호에게 다가왔다. 그리고 후임이었던 준호에게 우석이 어떤 선임이었는지 듣게 된다. 그리고 나서 우석의 누나는 준호에게 질문 하나를 하는데, 이 대화는 우리 모두를 깊이 반성하게 만든다.

우석 누나: 우석이 친구세요?

준호 군대 후임입니다.

우석 누나: 마음에 남아요. 힘들다고 그랬는데, 남들 다 가는 군대 뭐가 힘드냐고 그랬거든요. 어땠어요? 부대에서 제 동생.

준호: 착하셨습니다. 성실하고.

우석 누나: 어떻게요?

준호: 솔선수범하고 후임들도 잘 챙기시고, 농담도 되게 잘하시고.

우석 누나: 근데 왜 보고만 있었어요?

준호: 네?

우석 누나: 그렇게 착하고 성실한 애가 괴롭힘당할 때 왜 보고만 있었냐고요.

준호: 죄송합니다. 정말 죄송합니다.

우석 누나: 앞으로는 이런 일 없으면 좋겠다. 그렇죠?

준호는 탈영병을 잡는 직책을 맡았을 뿐이다. 게다가 착한 심성을 지녀 절대 다른 사람에게 해를 가하지도 않았다. 그런데 이 대화는 아무리 착했어도 방관했다면 가해자와 다름없음을 알려 준다. 이렇게 드라마는 초반에는 범죄한 병사들에게 주목했다면, 마지막에는 이 모든 폭력을 지켜만 보며 방관했던 이들 역시 공범이라는 사실을 고발한다. 내가 범죄하지 않았어도 그 범죄를 보고 그냥 지나쳤다면 공범인 셈이다.

이 메시지는 나를 부끄럽게 했다. 남에게 피해 주지 않으려 꽤나 조심하고, 배려하며 살았고, 조금은 나 자신이 착하다고 생각했다. 범죄는 저지르지 않았기 때문이다. 그러나 그동안 범죄의 현장을 수없이 보고 지나치며 방관했던 내 모습이 수치스러웠다. 무서워서, 귀찮아서, 남 일이어서, 용기가 없어서 돕지 못했던 이웃들이 떠올랐다. 나는 참회했다.

강도 만난 자는 죽어 가는 자였다. 의식도 있었다. 아무도 자신을 구해 주지 않았다는 절망감에 사무쳐 죽음을 준비하고 있었을 것이다. 예수님은 제사장과 레위인을 비유에 등장시키시면서 이웃을 차별하며 이웃의 아픔을 보고도 피했던 율법 교사와 바리새인의 수치스러운 실상을 파헤치셨다. 예수님은 율법을 배우고 준수하면서 범죄하지 않은 것으로 만족해하며 으스대던 그들에게, 지금까지 지나친 이웃들을 떠오르게 하시면서 너희도 강도와 다름없다고 말씀하셨다. 강도 만난 자에게 제사장과 레위인은 이웃이 아니라 그저 '강도'였다!

율법 교사가 "내 이웃이 누구니이까"라고 묻는 순간 그는 이미 끝난 것이다. 그리스도인에게 이 질문은 나올 수 없다. 우리에게 이웃은 따지고 계산하고 물어서 정하는 존재가 아니다. 우리 주변에 있는 모든 이가 이웃이다. 만약 그렇지 않다면 우리도 이웃 사랑을 실천하고 있다는 큰 착각에 빠진 것이다. 보고도 피하는 방관자로 이미 강도의 삶을 살고 있을 수도 있다.

결국 강도라는 이웃에게 버림당한 그가 강도와 진배없는 이웃에게 또다시 버림당한 것이다. 그런데 아이러니하게도 그를 살릴 수 있는 유일한 존재는 '이웃'이었다. 예수님은 제사장과 레위인에 이어 진정한 이웃을 등장시키셨다.

그리스도인, 선한 이웃이 되다

진정한 이웃은 율법을 전문적으로 알았던 율법 교사도, 바리새인도 아니었다. 유대인에게 이방인, 또는 짐승 취급을 받던 사마리아인이었다. 그런 그가 충격적이게도 진정한 이웃 사랑을 보여 주었다. 제사장도, 레위인도 하지 않은 선행을 강도 만난 자에게 베푼 것이다. 그에게는 어떤 의무나 부담도 없었고, 아무 기대도 안 했지만, 그는 가장 고상한 사랑을 베풀었다. 청중은 비유의 최고조에서 입을 다물지 못했을 것이다.

우선 사마리아인이 강도 만난 자를 피하지 않았다는 사실에 놀랐을 것이다. 심지어 사마리아인은 강도 만난 자의 상처에 기름과 포도주를 부어 응급조치했고, 그를 주막으로 데려가 돌보아 주기를 청했다. 비용을 지불하며 추가 비용은 돌아와서 갚겠다는 세심함까지 발휘했다. 사마리아인은 죽어 가는 자를 이웃으로 여겼고, 또한 좋은 이웃이 되어 끝까지 책임졌다. 이러한 선행은 자신의 목숨을 걸어야 가능했다. 사마리아인의 신분으로 피투성이가 된 사람을 끌고 가는 것은 상당히 위험했기 때문이다. 예수님은 사마리아인의 선행을 들려주시면서, 이웃 사랑을 글로만 익힌 율법 교사를 부끄럽게 만드셨다.

나는 말로만 하는 호의를 꺼린다. 뭔가 개운치 않고, 적극적으로 표현되지 않기 때문이다. 작더라도 헌신하며 감사와 사랑, 위로의 마음을 확실하게 전한다. 이것이 내 원칙 중 하나다. 원래 말은 쉽지만 행동은 어려운 법이다. 그러나 말의 진의는 행동으로 증명된다. 율법 지식과 성전의 직분이 아니라 선행으로 이웃 사랑을 실천하여 증명한 사마리아인처럼 말이다.

무엇보다도, 사마리아인은 제사장, 레위인과 달리 편협한 태도로 이웃을 배제하지 않았다. 미로슬라브 볼프(Miroslav Volf)는 「배제와 포용」(IVP)에서 배제를 두 가지 측면으로 바라보았다. "결합을 거스르는 요소"와 "분리를 거스르는 요소"가 바로 그것이다. 간단히 말하면 이렇다. 사람과 사람은 필히 연결되어 서로 끈끈히 의존하며 무리와 사회를 이룬다. 그러면서도 다채로운 개별성을 인정한다. 하지만 배제는 이를 거부한다. 타자와 결합하는 것이 아니라 내어 쫓고, 타자를 분리된 독특한 존재가 아닌 종속되거나 열등한 존재로 보는 것이다. 강도 만난 자가 제사장과 레위인에게 외면과 배제를 겪은 일도 같은 이치다. 도움받을 수 있는 공동체에 연결되지 못한 채 버려졌다. 폭력을 당해 쓸모없어 보이니 굳이 돕지 않아도 되는 열등한 존재가 되었다. '그를 보고도 피하여 지나간 배제'라는 폭력은, 그가 일어설 힘조차 없는 약자였기에 쉽게 일어났다.

사마리아인은 달랐다. 자신을 짐승 취급하며 배제라는 폭력을 행해 오던 유대인이었다. 눈에는 눈, 이에는 이로 갚아야 하는 전통적인 문법에 따라 외면하고 방관해도 누구도 그를 비난할 수 없었다. 그러나 그는 주저 없이 강도 만난 자의 곁을 지켜 주며, 이웃이 되어 주었다. 뿐만 아니라 죽어 가는 그 자를 마치 자신에게 가장 필요하고 소중한 이웃처럼 융숭히 섬겼다. 우리가 이 사마리아인에게서 무엇을 배워야 하는가? 누구도 우리의 이웃에서 배제하여 내쫓거나 열등한 사람으로 취급해서는 안된다는 것이다. 그래서 신현우 교수가 말하듯 "예수 믿지 않는 사람들, 다른 종교인들, 다른 나라 사람들, 심지어 우리를 박해하는 사람들 모두 우리 이웃의 범위에 포함되어야"하며, "그들이 우리를 이웃으로 간주하지 않을지라도 우리는 그들의 선한 이웃이 되어 주어야 한다."

좋은 사람, 좋은 교사, 좋은 동료와 같은 좋은 이웃을 곁에 두고 싶은 것이 우리 바람이다. 이웃을 통해 내 인생을 더 빛내고 싶기 때문이다. 명문 대학에 들어가고, 대기업에 취업하는 사람들이 내심 황금 인맥을 기대하는 것도, 그 인맥이 내 삶을 이전보다 부요하게 만들어 줄 거라는 믿음이 있기 때문이다. 그래서 어떤 부모들은 자녀를 이러한 명문 그룹에 포함시키기 위해 어릴 때부터 악착같이 공부시키기도 한다. 기득권이던 제사장과 레위인처럼 존경과 부러움을 받으며, 어디에 있더라도 모양 빠지거나 꿀리지 않도록 말이다.

그러나 예수님은 제사장과 레위인을 자랑하지 않으셨다. 오히려 그들의 외식을 적나라하게 폭로하셨다. 예수님에게 그들의 지위와 지식은 전혀 중요하지 않았다. 반면 사마리아인을 전면에 내세우셨다. 지위는 천했고, 지식 수준도 그다지 높지 않았지만, 강도 만난 자의 이웃이 되어 선행을 베푸는 사마리아인을 추켜세우셨다. 그리고 제사장과 레위인에게 몰두했던 율법 교사와 그 자리에 있던 청중에게 이렇게 말씀하셨다.

예수께서 이르시되 가서 너도 이와 같이 하라 하시니라(눅 10:37).

율법 교사는 "이 세 사람 중에 누가 강도 만난 자의 이웃이 되겠느냐"라는 주님의 질문에 "자비를 베푼 자니이다"라고 답하며 울며 겨자 먹기로 사마리아인을 인정해야 했다. 그는 자신이 대단한 사람인 줄 알았지만, 예수님이 보시기엔 선행을 베푼 사마리아인에 한참 못 미치는 자였다. 율법 교사, 제사장, 레위인처럼 되고 싶은 우리에게, 그리스도인은 먼저 '이웃'이 되라고 말씀하신다. 그리하면 가장 낮은 자였던 사마리아인을 높이신 예수님이, 우리 역시 만천하에 드러내시면서 당신의 기쁨과 자랑으로 삼으신다는 것이다. 그리고 우리가 그러한 삶을 산다면 언젠가는 세상의 인정도 받을 것이라 나는 기대한다.

그리스도인의 진정한 즐거움은 그럴싸한 사람이 되거나, 황금 인맥을 쌓는 것에 있지 않다. 이웃을 찾고 고르는 것이 아니라, 이웃이 되는 인생, 나로 인해 누군가가 웃고 즐겁다면 그것이 더 큰 복이다. 예수님은 "주는 것이 받는 것보다 복이 있다"고 말씀하셨다(행 20:35). 그런 인생이 우리 인생이 되어야 한다. 주님이 우리 이웃과 친구가 되어 주신 원리와 같다. 그 사랑을 받았으니 그렇게 행해야 하는 것이 마땅하다. 그리고 그런 삶이 생명 있는 삶이다(눅 10:28).

지금도 우리는 수많은 이웃을 지나가고 있다. 과연 그 이웃들이 나를 좋은 이웃이라 여기고 있을까? 나에게 사랑과 돌봄을 받아 예수님의 사랑을 누리고 있는가? 혹시 나는 그들에게 사랑은커녕 제한되고 왜곡된 배제로 날카로운 상처를 주고 있지 않은가? 말과 허울뿐인 이웃 사랑으로 외식하고 있지 않은가? 방관하며 강도와 같은 범죄에 은근히 참여하고 있지 않은가? 여전히 교회에 희망을 두고 있는 세상은 이러한 질문으로 다가올 것이다. 그때 우리는 과연 어떻게 답할 수 있을까?

너와 나의 플렉스 점검하기

| 질문에 답하며 자신을 돌아보고, 진정한 플렉스를 위한 다짐을 나누어 봅시다. |

1. 세상 사람들은 어떤 이를 친구와 이웃으로 삼고 싶어 합니까? 여러분은 어떤 기준으로 누군가를 친구나 이웃으로 삼습니까?

2. 본문에서 율법 교사가 심각하게 착각하고 있던 한 가지 사실이 있었습니다. 그것은 무엇입니까? 또한 율법 교사의 착각이 지금 우리와 한국 교회에 무엇을 말해 줍니까?

3. 제사장과 레위인이 강도 만난 자를 보고도 피했을 때, 강도 만난 자의 심정이 어떠했을까요? 우리도 어려움에 처한 이웃을 방관한 적이 있는지 말해 봅시다.

4. 우리는 이웃을 얻는 삶보다 이웃이 되어 주는 삶을 살아야 합니다. 지금 우리를 필요로 하는 이웃은 누구입니까? 그들에게 어떻게 주님의 사랑과 돌봄을 전해야 하는지 나누어 봅시다.

Ch. 9

'분주함'으로 감출 수 없는 '빈곤함'

[38] 그들이 길 갈 때에 예수께서 한 마을에 들어가시매 마르다라 이름하는 한 여자가 자기 집으로 영접하더라 [39] 그에게 마리아라 하는 동생이 있어 주의 발치에 앉아 그의 말씀을 듣더니 [40] 마르다는 준비하는 일이 많아 마음이 분주한지라 예수께 나아가 이르되 주여 내 동생이 나 혼자 일하게 두는 것을 생각하지 아니하시나이까 그를 명하사 나를 도와 주라 하소서 [41] 주께서 대답하여 이르시되 마르다야 마르다야 네가 많은 일로 염려하고 근심하나 [42] 몇 가지만 하든지 혹은 한 가지만이라도 족하니라 마리아는 이 좋은 편을 택하였으니 빼앗기지 아니하리라 하시니라

_눅 10:38-42

바쁘다, 바빠!

"바쁘다, 바빠, 바빠, 바빠."

달리는 차 안에서 아이들이 영상을 보고 있었다. 영상에서 노래가 하나 흘러나오는데 "바쁘다, 바빠, 바빠, 바빠"를 연신 외치고 있었다. 키즈 크리에이터 헤이지니가 출연하는 직업 체험 콘텐츠 〈바쁘다 바빠〉의 주제가다. 아이들은 키득거리며 노래를 따라 불렀다. 그러나 아침부터 가정과 교회를 챙기느라 쉴 틈 없이 달려온 나는 그 노래를 들으며 마냥 웃을 수만은 없었다.

한국 사회에서 바쁘지 않은 사람이 과연 있을까? 우리나라가 어떤 나라인가? OECD 주요국 연간 평균 근로 시간의 3배를 일하는 나라다. 일만큼은 누구보다 많이, 빨리, 꼼꼼히 잘한다. 그래서인지 지금 한국은 선진국 반열에 당당히 서 있다. 근면 성실은 타고난 민족이다. 나도, 남도 쉬는 꼴을 잘 못 본다.

교회라고 해서 상황이 다를까? 한국 교회는 예배도 사역도 참 많다. 새벽 예배, 수요 예배, 금요 철야 예배……. 주일만 해도 오전, 오후, 저녁, 세 번이나 예배 드리는 교회도 많다. 구역 예배도 빠질 수 없다. 그 외에 각종 심방 예배까지 있다. 예배가 많은 만큼 사역도 덩달아 풍성해진다. 매해 돌아오는 절기에는 한국 교회만의 특별한 사역과 행사들이 즐비하다. 바삐 살아온 한국인이 교회 안에 있다고 다르겠는가. 이런 현상이 생기게 된 데는 각자도생하는 한국 교회 특성이 주는 불안감도 한몫한다. 교회가 성장하지 못한 채 도태되거나 뒤처지면 교회는 문을 닫아야 하기 때문이다. 누구 하나 도와주지도, 책임지지도 않기에 교회는 스스로 살아남아야 한다. 그래서 백조처럼 끊임없이 발길질하며 살아남으려 하는 것이다.

나는 분주한 한국 교회를 섬기는 '목사'다. 하루 24시간이 모자랄 지경이다. 성도를 돌보며 틈틈이 설교와 교육도 준비해야 한다. 또 교회와 관련된 시설은 기본적으로 유지 및 보수할 수 있어야 한다. 운전도 잘해야 한다. 기발한 기획도 해내야 한다. 성경과 신학에 빈틈을 보이지 않으려 치열하게 공부도 해야 한다. 심방은 낮이고 밤이고 대중없다. 장례라면 지구 반대편이라도 간다. 내 가정은 오롯이 하나님에게 맡긴다. 매일이, 한 달이, 일 년이 어찌 지나가는지 모를 정도로 숨 가쁘게 살아간다.

이렇게 달려가다 뜬금없이 이런 질문을 한 적이 있다. "과연 나는 그리스도인의 삶을 온전히 누리고 있는가?" 주님과 그분의 몸인 교회를 사랑해서 목회를 시작했지만, 그 사랑은 온데간데없이 기능적으로 움직이는 '나'를 발견했기 때문이다. 강단에서는 교회에서 일하려 하지 말고 말씀과 기도로 경건을 지키며 은혜 안에 살라고 말한다. 그러나 정작 나는 은혜 없이 일만 죽어라 한다. 정용섭 목사는 『목사 구원』(새물결플러스)에서 많은 목사가 자영업자처럼 교회 성장에 목매는 탓에 조급함과 불안감으로 부지불식간에 병들고 있고, 그런 자신의 피폐한 영혼을 돌보지 못한 채 "구호로서의 구원은 있으나 실재(reality)로서의 구원은 없다"고 지적한다. 나는 이 말에 격하게 공감한다.

최근 진중하게, 고요하게, 방해받지 않고 하나님의 임재 안에서 말씀을 묵상한 적이 언제였을까? 숙제하듯 설교 준비를 위한 말씀 읽기가 아니라, 내 말과 글을 뒷받침하기 위한 자료 찾기가 아니라, 목사로서 있어 보이려 하는 허례허식이 아니라 주님 앞에 서서 어린아이와 같이 그분의 말씀을 경청하며 영혼을 배불린 적이 언제였을까?

마르다가 분노한 이유

예수님이 한 마을에 들어가셨다. 그리고 마르다와 마리아의 집에 방문하셨다. 그 당시는 지금과 달리 숙박 시설이 귀했다. 그래서 예수님은 사역을 다니시면서 친분 있는 집에 머무셔야 했다. 본문을 보면, 마르다가 예수님을 "주여"라고 부르고, 마리아는 예수님의 발치에서 자연스럽게 말씀 듣는 것만 보더라도 예수님과 그들은 꽤나 친분 있어 보인다.

그래도 마르다는 예수님과 제자들을 귀한 손님으로 극진히 대접하고 싶었을 테다. 적지 않은 인원에, 식사와 따뜻한 물, 편하게 쉴 공간 등 준비해야 할 것이 많았을 텐데, 마르다는 동생 마리아보다 큰 책임감과 부담감을 가지고 준비를 시작했다.

본래 첫째가 그렇다. 부모와 동생을 돕고 챙기며 살아온 세월이 책임감으로 묻어 나온다. 마르다는 첫째 특유의 리더십을 가지고 주도적으로 일을 벌였다. 피곤하실 예수님을 극진하게, 편안하게 모시고 싶었을 테고, 본인 가정에 대한 좋은 인상을 남겨 드리고 싶었을 것이다. 누구보다 동분서주하며 땀 흘리며 일했을 것이다.

그러다 마르다의 심기를 불편하게 만드는 일이 일어났다. 동생 마리아가 감히, 개념 없이, 몹시 분주한 상황에서 예수님 발치에 앉아 말씀이나 듣고 있었던 것이다. 언니 마르다는 발에 땀이 나도록 뛰어다니고 있었으니, 마르다 입장에서는 충분히 화날 만했다. 어느 집에나 있는 일이다. 첫째가 보이지 않는 곳에서 열심을 내고 있을 때, 둘째나 막내는 특유의 붙임성으로 이곳저곳에 가서 예쁨을 받는다. 그래서 첫째 처지에서는 둘째가 얄밉기 그지없다. 마르다는 분명히 '왜 나만 이 생고생을 해야 하지?'라는 생각에 부아가 났을 것이다.

마르다의 분노는 급기야 예수님을 향했다. 예수님에게 찾아가 따지듯 물었다.

> 마르다는 준비하는 일이 많아 마음이 분주한지라 예수께 나아가 이르되 주여 내 동생이 나 혼자 일하게 두는 것을 생각하지

아니하시나이까 그를 명하사 나를 도와주라 하소서(눅 10:40).

마르다는 자신의 분함을 감추지 못하고, 예수님이 마리아를 혼쭐내 주시길, 그래서 자신과 함께 일하도록 보내 주시길 바랐다.

이것은 마르다의 실수였다. 마르다의 마음 상태가 적나라하게 들통난 것이다. 성경이 "마르다는 준비하는 일이 많아 마음이 분주한지라"고 말하듯, 마르다는 일이 많았고, 그 일은 분주함이 되었다. 예수님을 융숭히 대접하고 싶은 마음이 앞서 정작 기쁨이 없었다. 분노와 비판, 미움과 시기가 가득한 듯 보였다. 마르다는 예수님을 "주여"라고 불렀지만, 호칭이 무색하게 예수님에게 명령을 내뱉었다. 마리아를 당장 나에게 보내 달라고 말이다. 예수님을 섬기고자 했던 그가 예수님에게 명령하는 어처구니없는 실수를 범했다. 그만큼 예수님을 섬기는 영광스러운 자리에서 마르다의 마음은 편치 않았다.

교회와 이웃을 섬기는 것도 예외가 아니다. 섬길 수 있는 것은 은혜지만, 그렇다고 한결같이 기쁨을 지키기란 쉽지 않다. 동역하다 보면 기쁘고 평온한 마음을 지키기가 참 어렵다. 사람마다 각자 성향과 생각이 다르기 때문이다. 성격이 급하고 칼 같은 사람이 있는가 하면, 둥글둥글해서 웬만한 건 잘 넘기는 사람이 있다. 각양각색의 사람이 모이다 보니 갈등이 일어나는 건 당연하다. 이때 분란을 일으키는 가장 큰 문제는 일의 분배다.

일이 힘든 게 문제가 아니다. 나는 바쁜데, 다른 사람이 한가해 보이면 불만과 분노가 쌓이게 된다. 그러다 임계치를 초과하면 감정이 폭발하게 되고, 돌아올 수 없는 강을 건너게 된다. 그래서 바쁠수록 좋은 마음을 지키기란 쉽지 않은 것이다. 바쁜 일이 끝나고 보람이 밀려올 수 있으나, 바쁜 와중에는 힘들고 짜증스러운 감정이 마음을 가시처럼 찌르며 어렵게 만든다. 마르다의 마음도 이해된다. 최선을 다했고, 잘하고도 싶었기 때문에 어쩌면 당연한 감정이었다.

그러나 마르다는 너무 바쁜 나머지, 가장 중요한 것을 놓치고 있었다. 예수님은 그 부분을 알려 주고 싶으셨다. 그래서 예수님은 무례하게 다가온 마르다를 질책하지 않으셨다. 오히려 따뜻하고, 친근하게 "마르다야, 마르다야" 하고 이름을 부르시며 그를 다독이셨다. 그러고 나서 마르다가 많은 일로 '염려'와 '근심'에 빠져 있음을 말씀하신다.

> 주께서 대답하여 이르시되 마르다야 마르다야 네가 많은 일로 염려하고 근심하나(눅 10:41).

마르다의 모습을 무작정 비난할 수는 없다. 그가 최선을 다해 분주하게 움직인 덕분에 주변 사람들은 편했을 것이다. 예수님은 마르다를 아끼고 사랑하셨기에, 이런 분주함보다 중요한 것을 알려 주고자 하셨다. 마르다가 그토록 꼴 보기 싫어하던, 예수님 발치에 앉아 있던 마리아를 통해서 말이다.

과감한 선택

마리아는 예수님의 발아래에 앉았다. 그 자리에서 그분의 말씀을 경청하였다. 그렇다고 마리아가 철없이 새침하고 속 편하게만 앉아 있었다고 보기는 어렵다. 당시 문화에서 제대로 된 교육을 받지 못한 여성이, 남성들 사이에서 예수님 바로 아래 앉아 말씀을 듣는 것은 일반적이지 않았다. 마르다가 보기엔 마리아가 편한 자리로 피한 것 같지만, 마리아는 마르다의 일을 돕는 것이 훨씬 마음 편했을 것이다. 이런 맥락으로 보면, 어쩌면 마리아는 '과감한 선택'을 한 것일 수도 있다.

세상이 많이 달라졌다고는 하지만, 여전히 한국에서 부엌은 남성보다 주로 여성에게 어울리는 장소다. 교회도 그렇다. '사내는 주방에 얼씬도 하면 안 된다'는 인식이 깊이 뿌리박혀 쉽사리 바뀌지 않는다. 여성은 매사에 사근사근하며, 앞치마 두르고 궂은일을 마다하지 않아야 참하다는 평을 듣는다. 반대로 남성은 집안일은 뒤로하고 소매를 걷어붙인 채 굵직하고 중대한 일에 집중하면 듬직하다는 평을 듣는다. 남자와 여자는 주어지는 일도, 들어야 하는 평가도 다르다. 지금도 이런데, 하물며 예수님 당시에는 어땠을까? 마리아도 용기를 갖고 예수님 발 앞까지 찾아간 것이다. 언니인 마르다에게도 핀잔을 듣는 마당에, 다른 사람들에게는 더 거친 비난도 받을 수 있는 상황이었다.

그럼 마리아는 왜 이런 행동을 한 것일까? 분주한 일상, 섬김, 고단한 인생보다 선행되어야 하는 것은 주님의 '말씀'이기 때문이다. 주님의 자녀로서, 제자로서 말씀 없이 살아갈 수 없기 때문이다. "사람이 떡으로만 사는 것이 아니요 여호와의 입에서 나오는 모든 말씀으로 사는 줄을 네가 알게 하려 하심이니라"(신 8:3)는 말씀처럼, 사람은 분주하게만 살아갈 수 있는 존재가 아니기 때문이다. 사람은 영적인 존재이고, 말씀 없이는 살아갈 수 없는, 고난을 이겨 낼 수 없는, 자신의 길도 찾아갈 수 없는 존재이기 때문이다. 그래서 마리아는 용기 내어 과감하게 예수님 앞에서 말씀을 들은 것이다.

아마도 마리아는 갈급하고, 다급하고, 위급한 심정으로 예수님 발아래 앉았을 것이다. 그리고 이렇게 고백했을 것이다. "주여 말씀하옵소서. 주의 종이 듣겠나이다." 그래서 예수님은 마리아의 행동을 나무라지 않으셨다. "어디 여자가 감히!"라고 하지도, 언니를 돕지 않는 철없는 동생이라고 여기지도 않으셨다. 오히려 마르다와 달리 칭찬하셨다.

몇 가지만 하든지 혹은 한 가지만이라도 족하니라 마리아는 이 좋은 편을 택하였으니 빼앗기지 아니하리라 하시니라(눅 10:42).

매일 수십 가지 일을 처리하며 분주한 일상을 살아가는 우리는 지금 어디에 있는가? 염려와 근심을 한 아름 안고 이리 뛰고 저리 뛰고 있지는 않은가? 사람들은 땀 흘리며 쉬지 않고 열심 내는 사람을 칭찬할 수 있다. 눈에 보이는 것이 전부이기 때문이다. 하지만 하나님은 다르시다. 하나님은 우리의 '분주함' 속에 있는 '빈곤함'을 보시는 분이다. 마음의 중심을 보신다. 결코 우리의 '분주함'으로 '빈곤함'을 감출 수 없다. 사실 우리도 우리의 굶주림을 잘 안다. 영혼이 피폐해지고 있다는 것도 누구보다 잘 안다. 목마름과 배고픔을 어찌 느끼지 못하겠는가. 그런데 그 사실을 인정하고, 말씀의 자리를 찾기란 쉽지 않다. 해야 할 일, 하고 싶은 일이 우리 손에 잔뜩 쥐어 있기 때문이다.

선택에는 분명히 득과 실이 있다. 우리는 선택의 기로에 섰을 때, 먼저 그 득과 실을 저울질한다. 그러나 저울질이 필요 없을 때가 있다. 바로 '생명'에 관한 것이다. 죽고 사는 문제에서 선택은 논쟁이 될 수 없다. 살기 위해서라면 모든 것을 과감히 포기할 수 있어야 한다. 말씀은 곧 생명이다. 호흡이다. 말씀이 우리 영혼을 소성케 한다. 그렇다면 우리에게 '말씀'은 선택의 대상이 아니다. 그래서 기독교 희락주의자라는 별칭을 지닌 존 파이퍼(John Piper)는

「하나님을 기뻐하라」(생명의말씀사)에서 성경은 곧 우리 생명이고, 더 나아가 기쁨으로 확장된다고 말한다.

> 진정 성경은 우리에게 헛된 일이 아니라 우리 생명이다. 모든 기쁨의 토대는 생명이다. 순전한 존재—우리의 창조와 보존—보다 근본적인 것은 없다. 이 모든 것은 하나님의 능력의 말씀에 달려 있다. 바로 그 능력으로 하나님은 우리의 영적 삶을 창조하고 유지하시기 위해 성경으로 말씀하셨다. 그러므로 성경은 헛된 말씀이 아니라 우리의 기쁨을 타오르게 하는, 우리의 생명이다.

생명의 말씀, 나를 그리고 '나들'을 살리다

지금은 일 더미에 깔려 여유로운 말씀 묵상이 사치지만, 내가 살아 있는 이유는 단언컨대, 하나님의 말씀이다. 긴 방황을 그칠 즈음, 나는 설명할 수 없는 끌림으로 성경을 펼쳤다. 그리고 창세기 28장 15절 말씀을 읽었다. 한 글자 한 글자가 살아 움직였고, 그 말씀들이 눈을 넘어 심장으로, 영혼으로 스며들기 시작했다.

> 내가 너와 함께 있어 네가 어디로 가든지 너를 지키며 너를 이

끌어 이 땅으로 돌아오게 할지라 내가 네게 허락한 것을 다 이루기까지 너를 떠나지 아니하리라 하신지라(창 28:15).

믿음이 없던 시절, 나에게는 두 가지 교만한 마음이 있었다. 하나는, 하나님은 없다는 것, 다른 하나는 하나님이 있다면 나를 사랑하지 않는다는 것이었다. 이런 믿음으로 하나님을 부정하며 멀리했다. 하나님과의 단절로 어두컴컴한 시간을 보내야 했다. 그런 버러지였는데, 하나님은 나를 포기하지 않으셨다. 창세기 28장 15절 말씀은 나의 견고한 두 신념을 박살 냈다.

야곱에게 주신 말씀으로, "동재야, 나는 너를 한 번도 떠난 적이 없단다. 나는 너를 통해 이룰 계획이 있단다"라는 메시지를 주셨다. 나는 내 인생이 끝났다고 생각했다. 그저 포기한 채 살았다. 그런 나에게 하나님은 이루실 '계획'이 있다고 말씀해 주셨다. 이렇게 말씀으로 나를 완전히 무너뜨리셨다. 완전히 살리셨고, 살아갈 힘과 기쁨을 주셨다.

그렇다고 이후의 내 삶이 획기적으로 달라진 것은 아니었다. 여전히 고단하고 궁핍했다. 이전과 큰 차이가 없어 보였다. 그러나 분명히 이전과는 달랐다. 내 안에 생명이 샘솟게 된 것이다. 희망이 가득했고, 미래를 기대했다. 하나님과 동행했고, 그분의 계획이 나에게 있다는 사실이 나를 춤추게 했다. 그 이후 지금까지 단 한 번도 하나님의 존재와 나를 향한 계획을 의심한 적이 없다. 뒤를 돌아본 일도 없다. 김기현 목사가 「모든 사람을 위한 성경 묵상법」(성서유니온)에서 한 말에 깊이 공감한다.

> 묵상은 나를 살리고, 또 다른 '나들'을 살리고 있습니다. 나를 살리니 어찌 안 할 수 있겠습니까. 남을 살리니 어찌 즐겁지 않겠습니까!

지금 나는 나와 남을 어느 자리에 두고 있는가? 눈에 보이는 상황과 일에 매몰되어, 남에게 칭찬받는 자리에 매료되어 생명의 말씀과 멀어지고 있지는 않은가? 성경을 펴는 자신을 여유 부린다며 채찍질하고, 말씀을 들으려 하는 남을 그저 봉사하고 일하는 현장으로 끌어내고 있지는 않은가? 그래서 생명도 기쁨도 없이 근근히 살고 있지 않은가? 우리는 명심해야 한다. 이것은 우리 모두가 죽는 지름길임을!

모두가 몹시 바쁘다. 사회도 교회도 분주하다. 그래서 때론 과감해져야 한다. 포기할 줄도 알아야 한다. 위험도 감수해야 한다. 인생의 염려와 근심이 주는 압박, 사람의 시선, 쫓아오는 수많은 삶의 문제들 속에 있다 하더라도, 주님의 발치에서 생명의 말씀을 들어야 한다.

누구나 빈곤하게 살고 싶지 않을 것이다. 당연히 풍요로워지고 싶을 것이다. 그래서 분주하게 살고 있는 것이다. 하지만 말씀 없이 분주하게만 살면, 우리가 그토록 피하고 싶었던 빈곤한 삶이 성큼 다가올 것이다. 만약 지금 이러한 영적 초라함에 직면해 있다면 예수님의 발아래로 삶의 핸들을 과감히 틀어야 한다. 그리고 밤낮 뛰어다니느라 연신 꼬르륵 소리를 내는 허기진 배 속에 생명의 말씀을 공급해야 한다. 우리 인생은 길지 않지만 그렇다고 짧다고 할 수는 없다. 적어도 하루살이는 아니니까. 배를 채우며 하루를 열심히 살 듯, 말씀으로 영혼을 채우며 일해야 한다. 그것이 나도, 남들도 사는 길이며, 분주함이 아니라 부요함을, 무료함이 아니라 기쁨을 지키며 사는 삶이다.

너와 나의 플렉스 점검하기

| 질문에 답하며 자신을 돌아보고, 진정한 플렉스를 위한 다짐을 나누어 봅시다. |

1. 현대인들은 대부분 바쁩니다. 그리스도인은 바쁜 일상에 신앙 생활까지 해야 하니 더욱 분주할 수밖에 없습니다. 지금 여러분의 삶은 얼마나 바쁘고 고단한지 말해 봅시다.

2. 마르다는 분주하게 여러 일을 도맡아 했고, 반면 마리아는 예수님 발치에 앉아 말씀을 들었습니다. 언니 마르다의 처지가 어떠했을지 나누어 봅시다.

3. 예수님은 불만을 토로하는 마르다를 진정시키시며 마리아의 행동을 칭찬하십니다. 그 이유는 무엇입니까?

4. 분주한 일상에서 여러분은 자신의 영혼에 생명의 말씀을 공급하고 있습니까? 부지런히 살지만, 영적으로는 나태하지 않습니까? 말씀을 공급받는 삶을 살기 위해 여러분이 해야 할 '과감한 선택'은 무엇입니까?

Ch. 10

오직
'나'만을 향했던

기도의 방향을
틀다

예수께서 이르시되 너희는 기도할 때에 이렇게 하라 아버지여 이름이 거룩히 여김을 받으시오며 나라가 임하시오며

_눅 11:2

하나님, 주세요, 그러면……

"하나님, 시험 잘 보게 이번 한 번만 도와주세요."

학창 시절 한자 시험을 시작하기 직전 내가 한 기도였다. 한자 공부가 싫었는지, 노는 게 좋았는지 기억은 잘 나지 않지만, 분명한 사실은 한자 시험을 앞두고 공부를 전혀 하지 않았다는 것이다. 그렇다고 시원하게 시험을 망칠 용기는 없었다. 나름 성적도 상위권이어서 한 과목이라도 포기하는 것은 자존심이 허락하지 않았다. 한자 시험이 끝나면 친구들이 나한테 와서 답을 확인하려 할 텐데, 나의 처참한 상황을 들키고 싶지 않았다.

한자는 철저히 암기 과목으로 공부한 만큼 성적이 나오는 과목이다. 머리를 굴린다고 잘 보는 시험이 아니다. 그래서 난 그간 하지도 않던 낯선 기도를 하며, 없던 신앙심을 끄집어내기 시작했다. '하나님 도와주세요. 찍는 거 다 맞게 해주세요. 80점은 넘게 해주세요.' 강렬한 하나님의 임재가 느껴졌다. 하나님이 정말 나를 도와주실 것 같은 느낌이 들었다. 그러나 결과는 참담했다. 아니, 정직했다. 공부 안 한 만큼 나왔고, 내 생애 최저 점수를 받았다.

더 가관인 것은, 공부하지 않고 기도로 요행을 바란 내 모습을 부끄러워한 것이 아니라, 도와주지 않은 하나님에게 실망한 것이었다. 오랜만에 하나님을 찾은 건데 도움은커녕 실망만 안겨 준 하나님이 야속했다. 역시 기도는 소용없다고 다시금 확신했다.

제 아무리 무신론자라 하더라도, 살면서 '절대자'가 필요한 시기가 반드시 온다. 인생은 잔잔한 호수처럼 유유자적할 수만은 없다. 인간에게 인생은 해일이 밀어닥치는 바다다. 버겁고 힘겨운 상대라는 뜻이다. 죽음을 재촉하는 질병, 삶을 집어 삼킬 듯한 재해, 한순간에 모든 것을 파괴하는 고난이 곳곳에 도사리고 있는데, 인생이 어찌 만만하겠는가. 그러니 어찌 절대자가 필요 없겠는가. 반드시 두 손을 모으고 하늘 저편 어딘가에 있는 신을 찾을 날이 인간에게는 반드시 오고야 만다.

모든 사람이 하는 기도의 공통점은 그 목적이 '소원 성취'에 있다는 것이다. 그리스도인도 예외가 아니다. 하나님으로 시작하고 예수님으로 마치는 공식만 갖췄을 뿐, 내용을 들여다보면 다른 종교와 엇비슷할 것이다. 건강, 자녀, 사업, 관계의 문제를 해결하고자 너나없이 불철주야 기도한다. 기도로 결핍을 채우고, 문제를 해결하고, 더 나은 삶을 영위하고 싶어 한다. 그리고 성경을 파편적으로 조합해 보면, 이러한 기도를 옹호하는 듯한 느낌도 받는다.

그래서인지 많은 사람이 기도의 '비결'을 궁금해한다. 용한 점집을 찾듯이 기도 응답을 경험한 사람을 찾아 헤맨다. 그 사람을 초청하여 그 비결을 듣기도 한다. 어떻게 기도하면, 얼마나 기도하면, 교회를 얼마만큼 섬기면 기도 응답을 거머쥘 수 있는지 말이다.

여기서 중요한 것은, 대부분의 응답은 내 뜻과 일치해야 하고 문제는 꼭 해결되어야만 한다는 것이다. 좋은 성적을 위해 기도했다면, 반드시 기대 이상으로 좋은 성적을 받아야 한다. 그것이 우리가 기대하는 기도 응답이다. 기도로 기대가 충족되면, '나의 하나님'이 되고, 하나님이 좋아하실 만한 '당근'도 서원한다. 그러나 내 기대와 어긋나면, 하나님은 옆집 아저씨만도 못한 존재가 되어 버린다. '이제 하나님한테는 국물도 없다!'

당혹스러운 기도의 가르침

응답 잘되는 기도를 궁금해하듯, 제자들도 예수님의 기도가 궁금했다. 촘촘한 사역 일정을 소화하시면서, "너무 바빠서 기도합니다"를 몸소 실천하신 분이 예수님이다. 그런 예수님에게 제자들은 "주여 요한이 자기 제자들에게 기도를 가르친 것과 같이 우리에게도 가르쳐 주옵소서"(눅 11:1)라고 말씀드린다.

당시 종교 지도자들은 제자들에게 기도하는 법을 가르쳐 주며 결속을 다졌고, 제자들은 기도를 배우며 스승의 정서와 가르침에 적극적으로 동참했다. 세례 요한도 제자들에게 기도를 가르치면서 스승 역할을 했을 것이고, 예수님의 제자들도 이러한 관례를 알기에 예수님에게 기도 방법을 여쭈어 본 것이다.

아마도 제자들은 예수님이 극적인 기적을 베푸시는 비결이 '기도'에 있다고 생각했을 수도 있다. 기도 방법을 물으면서 기도의 결과에 대한 부푼 기대를 품었을 수도 있다. 예수님에게 기도를 배우면 예수님처럼 될 수 있다고 생각하면서 말이다. 그래서 며느리도 모르는 가문의 비기(祕器)를 캐내는 심정으로 물었을 것이다.

그런데 그들은 예수님을 계속 따라다녔지만, 예수님을 아직 잘 몰랐다. 제자들 입장에서 예수님이 알려 주신 기도는 어찌 보면 당혹스러웠을 것이다. 그 기도는 자랑할 수 있는, 죽은 자도 일으키는 능력의 기도가 아니었다. 첫 번째로 가르쳐 주신 기도는 이러했다.

> 예수께서 이르시되 너희는 기도할 때에 이렇게 하라 아버지여 이름이 거룩히 여김을 받으시오며(눅 11:2).

'하나님의 이름을 위한 기도'였다. 제자들은 어떤 반응이었을까? 우리 자신에게 질문해 보자. 기도의 방법이 정말 궁금해서 목회자나 신학자, 혹은 신앙의 선배에게 물었는데 돌아온 답이 "하나님의 이름을 위해 기도하세요"라면, 밭에 감추어진 보화를 발견한 것마냥 기뻐 뛰며 즐거워할 수 있을까? 진리를 배운 것이기에 감복하며 감사할 수 있을까? 아마도 실망스러운 반응을 보이지 않았을까 싶다. 재미도 감동도 없다고 하면서 말이다.

우리는 서로에게 기도 제목을 자주 묻는다. 교역자가 묻기도 하고, 교우 간에 묻기도 한다. 그래서 기도 제목을 내가 정하는 것에 매우 익숙하다. 내 필요가 빼곡히 담긴 기도 제목을 정해야 기도할 때 열정이 타오르는 법이다. 그만큼 기도는 본래 '나'를 중심으로 이루어진다.

그러나 예수님은 '나'가 아닌 '하나님'을 위해 기도하라 하신다. 이것은 우리가 흔히 생각하는 기도 공식과는 다르다. 기도는 인간이 절대자를 향해, 피조물이 창조주를 향해, 죄인이 구원자를 향해 소원을 빌고, 그 소원을 성취해 가는 과정이다. 그런데 하나님의 이름을 위해 기도하라니! 나를 위해, 자녀를 위해, 지인을 위해 기도하라고 해도 게으름 피울 판에, '내'가 빠진 기도라니! 우리가 바라는 것과는 거리가 멀어도 너무 멀다.

그리고 이런 궁금증이 생긴다. '하나님은 본래 거룩한 분이 아닌가?' '만유의 주인이시며 가장 높으시며, 모든 것을 초월하신 분이 아닌가?' 하나님을 위해 기도하는 건 마치 하나님이 우리의 기도가 필요하고, 우리의 기도 없이는 거룩하지도, 존재할 수도 없다는 느낌을 받게 한다. 제자들은 원하는 답이 아니어서 예수님에게 괜히 물어보았다고 생각했을 수도 있다. 물어보지 않고 그냥 하던 대로 기도했다면 마음이라도 편했을 것이다.

하나님에 의한, 하나님을 위한 기도

실망스러운 마음을 추스르고 다시 예수님의 가르침에 집중해 보

자. 우리는 기도로 삶의 결핍을 채우려고 한다. 요구하고 닦달하는 기도에 익숙하고, 그런 기도가 마음을 흡족하게 하지만 예수님의 기도는 이와 거리가 멀다. 예수님은 우리를 부요하게 하시는 분이다. 갈취하시는 분이 아니다. 하나님을 위해 기도하라고 해서 우리의 기도로 득을 보시는 분이 아니다. 그분은 부족함이 없으시고, 도리어 우리를 풍성하게 하시는 분이다.

먼저 예수님은 기도하는 우리와 기도를 받으시는 하나님의 관계를 보여 주신다. 누가복음 본문에는 "아버지"라고만 기록되어 있지만, 평행 본문인 마태복음 6장 9절에는 "하늘에 계신 우리 아버지여"라고 기록되어 있다. 기도 첫머리에 하나님과 우리의 서열을 정리해 주셨다. 하나님은 콜센터 직원이 아니시다. 하나님은 인간의 손으로 만들어진 우상도 아니시다. 하나님은 우리의 아버지로, 생명의 주관자이시며, 권능과 권위를 지니신 분이다. 모든 것을 초월하시며 우리가 범접할 수 없는 분이다. 그런 분이 우리를 돌보시고 책임지시며, 기도까지 들어주시는 것이다. 하나님이 누구인지 부르게 하시면서, 목에 힘을 주고 기도하러 나오는 우리를 겸손하게 하셨다. 어떠한 태도로 기도해야 하는지를 알려 주신 것이다.

우리는 기도 자리에서 '겸손'을 갖추어야 한다. 네덜란드 신학자 빌헤무스 아 브라켈(Wilhelmus à Brakel)은 「그리스도인의 합당한 예배」 3(지평서원)에서 참된 기도의 특징 중 '겸손'을 말하는데, 그 이유를 들어 보자.

> 기도는 피조물이 창조주께로 나아가는 것이기 때문입니다. 비천한 자가 엄위롭고 지극히 존귀하신 분 앞으로 나아가는 것이기 때문입니다. 죄인이 거룩하신 분에게 나아가는 것이기 때문입니다. 멸시받아 마땅한 자가 영화로운 분에게 나아가는 것이기 때문입니다. 정죄받기에 합당한 자가 삶과 죽음에 대해 권세를 가지신 하늘과 땅의 재판장 앞으로 나아가는 것이기 때문입니다.

어느 날 첫째 딸아이가 교회 학교에 다녀온 후 장난스럽게 기도하고 있었다. 교회에서 배운 기도를 자랑하고 싶었던 모양이다. 자그마한 아이가 몸을 웅크리고 나름 진지하게 기도하는 모습이었다. 반응을 보고 싶어 실눈을 뜨고, 웃음을 참느라 입은 히죽이는 모습이 얼마나 귀엽던지, 바로 사진으로 남겼다. 그 사진을 보면서 깨달은 것이 하나 있다. 기도할 때 꿇는 무릎은 '하나님 앞에서의 겸손'이다. 가지런히 모아진 손은 '하나님을 향한 간절함'이다. 감은 두 눈은 '하나님만 보겠다는 집념'이다. 아이가 보여 준 기도의 자세는 '기도는 하나님 앞에서 드려진다'는 사실을 새삼 일깨워 주었다.

기도하는 시간은 맡겨 놓은 물건을 받는 시간이 아니다. 정당한 대가를 챙기는 시간도 아니다. 브라켈이 말하듯이 미천한 피조물이 고귀한 창조주 앞에 나아가는 시간이다. 그분의 위엄 앞에 인간은 한낱 티끌이다. 강약약강하며 사람의 강함 앞에서도 어찌할 줄 몰라 땀 삐질삐질 흘리는 모습이 우리에게 있지 않던가. 하물며 거룩하신 하나님 앞에서 우리의 필요와 요구로 가득한 기도를 드릴 수 있겠는가?

이렇게 예수님은 기도받으시는 하나님이 어떤 분인지, 그분 앞에 우리는 어떻게 서야 하는지 알려 주셨다. 그리고 그 겸손한 마음으로 우리가 무엇을 기도해야 하는지 교훈하기 시작하셨다. 그 기도는 나를 위한 기도가 아니었다. "아버지여 이름이 거룩히 여김을 받으시오며", 즉 하나님의 이름이 거룩히 되길 소원하는 기도다. 이 기도는 무엇을 의미하는가?

내 이름은 '신동재'이다. 이 이름은 나의 일부를 가리키지 않는다. 몸과 마음, 성품과 은사, 삶의 모든 영역을 가리킨다. 그래서 '이름'은 그 존재 전부를 지칭한다. 하나님은 우리에게 이름을 알려 주셨고, 자신을 계시하셨다. 이 이름을 통해 하나님을 보고, 부르게 하셨고, 하나님의 아름답고 신비로운 성품을 알게 하셨다. 또한 하나님을 의지하며 기억하게 하셨다. 그래서 하나님의 이름 역시 하나님의 존재와 성품, 사역을 가리킨다.

그렇다면 '거룩'에는 어떤 의미가 있을까? '거룩'은 하나님만 지닌 초월성을 나타내는 단어다. 그래서 하나님과 우리를 구별 짓는다. 모세가 "주와 같이 거룩함으로 영광스러우며 찬송할 만한 위엄이 있으며 기이한 일을 행하는 자가 누구니이까"(출 15:11)라고 노래했듯, 하나님은 거룩하셔서 죄와 거짓, 흠과 불의가 없으신 완전하시며 영광스러운 분이다.

따라서 거룩하신 하나님의 이름이 높아지기를, 하나님의 영광이 세상에 찬란히 빛나기를 기도하라는 것이다. 겨우 내 입에 풀칠하려고 기도하지 말고, 하나님이 높아지도록 하나님의 이름을 위해 기도하라는 것이다.

물론 하나님의 이름은 거룩 그 자체다. 그러나 이 땅의 현실은 어떠한가? 하나님의 이름이 때로는 높고, 때로는 낮은 것처럼 보인다. 그렇다면 하나님의 거룩에 기복이 있다는 뜻이 아니다. 하나님의 거룩을 바라보는 세상이 변덕인 것이다. 예를 들어, 교회가 부도덕하여 실망을 끼치면 비난은 고스란히 하나님에게로 간다. 반대로 선행과 사랑을 베풀어 세상을 이롭게 하면 자연스레 하나님의 이름이 드높여진다. 이러한 현실 속에서 우리는 하나님의 이름이 높아지도록, 하나님의 영광이 온전히 드러나도록 기도해야 한다고 예수님이 가르쳐 주셨다.

이렇게 나로부터 시작한 기도가, 하나님을 위한 기도가 되어야 한다고 예수님은 교훈하신다. 사람들이 흔히 해 오던 기도의 방향과 목적이 완전히 바뀌었다. 그래서 브라켈은 예수님이 이 기도로 "우리가 무엇을 궁극적인 목적으로 추구하고 갈망하며 하나님 앞에 간구해야 할지"를 가르쳐 주신다고 해석한다.

우리는 기도를 통해 하나님의 사랑을 확인하려 애쓴다. 더 보여 달라고, 더 들려달라고 떼쓰면서. 그런데 생각을 바꿔야 한다. 우리가 하나님을 부르며 기도하는 이 순간 자체가 은혜다. 하나님이 부르셨기에 가능한 일이다. 또한 온갖 우상을 찾으며 나의 필요를 채우려고 했다. 그런데 이제는 하나님의 영광을 위해 기도하는 사명자가 되었다. 예수님은 우리가 받은 은혜와 사명을 알려 주시면서 하나님에 의해 주어진 기도의 자리, 이제는 하나님을 위한 기도로 그 본분을 다해야 한다는 것을 말씀하신다.

결코 작은 영광이 아니다

신대원 시절 존경하는 교수님이 계셨다. 그분의 학식과 성품은 나를 매번 자극했고, 매료시켰다. 그런데 난 성격이 조용한 편이라 친구를 많이 사귀지도, 교수님에게 적극적으로 다가가지도 못했다. 그 교수님에게 존경의 마음을 가졌지만 표현하지는 못했다.

어느 날 그 교수님을 복도에서 마주친 적이 있다. 내가 누구인지 잘 모르시겠지 생각하며 수줍게 인사만 하고 지나가려 했다. 그런데 교수님이 날 부르셨다. 심지어 내 이름을! 그리고 이렇게 말씀하셨다. "신동재 전도사님, 제 가방 좀 강의실에 갖다 놓아 줄래요? 부탁합니다."

마침 다음 강의를 우리 반에서 하셔야 했다. 그래서 나에게 가방을 가져다 놓아 달라고 부탁하신 거였다. 굉장히 작은 일이고, 어쩌면 성인에게는 기분 나쁠 수 있는 부탁이었다. 그런데 전혀 그런 마음이 들지 않았다. 그분이 내 이름을 알고 있다는 사실이 좋았고, 내가 그분에게 작은 도움이 될 수 있다는 것이 더 좋았다. 가방을 냅다 받아서 강의실 교수님 의자에 가지런히 놓아 드렸다. 가방에 붙은 먼지까지 정성스레 털어 드리면서.

사랑하고 존경하는 사람에게 작은 필요가 될 때에도 우리는 이렇게 좋아한다. 죄인이었던 우리가 거룩하신 하나님을 위해 기도해야 하고, 기도할 수 있다는 이 말씀이 우리에게 복이자 기쁨으로 다가와야 한다. 하나님은 무언가가 부족해서 우리에게 요청하시는 분이 아니다. 하나님은 모든 것을 초월하시며 다스리시는 분으로 홀로 '거룩'이라는 칭호를 받으신다. 영원한 왕이시다. 그런데 그런 분이 우리에게 당신의 영광과 이름을 위해 기도하라고 하셨다. 단언컨대, 이는 축복이다.

우리는 본래 자기를 위하여 재물을 쌓아 두는 자로서 기도했다(눅 12:21). 바벨탑을 쌓은 사람들처럼 우리 이름을 드높이던 자였다. 호랑이는 죽어 가죽을 남기려 했다지만, 우리는 죽기 전에 이름 한 번 남겨 보고 싶어 발버둥 친다. 그런 우리에게 예수님은 전혀 다른 기도를 알려 주셨다. 진리를 믿는 자로서 구별된 기도를 하게 하셨다. 인생의 목적에 어울리는 기도를 하게 하셔서 기도의 내용이 대대적으로 개혁되게 하셨다. 그동안 목숨 걸고 기도했던 것 중 상당 부분이 사소하게 여겨지도록 하셨다.

그렇다고 예수님이 가르쳐 주신 기도가 우리 기도를 제한하지는 않는다. 우리의 소원, 탄원, 탄식을 아뢰지 말라는 뜻이 아니다. 예수님을 만나고, 예수님을 닮아 가며, 신앙이 무르익으면서 기도 역시 변해야 하고, 그 우선순위가 바뀌어야 한다는 뜻이다. 나를 위한 삶에서 하나님을 위한 삶으로의 변화는 복되다. 이와 마찬가지로 나를 위한 기도에서 하나님을 위한 기도로 변화된 삶은 기적이다. 그저 내 인생과 이 땅을 위한 소원만 나열했던 우리 기도와 비교할 수 없는 영광이 주어졌다. 그래서 칼뱅은 이 기도에 대해 설명하면서 "하나님이 우리에게 그의 영광을 드높이는 일에 참여하라고 권하시는 것은 우리에게는 결코 작은 영광이 아니"라고 말한다.

언제까지 학업, 취업, 물질, 결혼, 자녀를 위해서만 기도할 것인가? 물론 이러한 기도도 필요하다. 아버지이신 하나님은 이러한 기도도 들어주신다. 하지만 우리에게는 더 큰 목적과 사명, 즉 하나님의 이름을 위한 기도 제목이 톱다운(top down)으로 주어졌다. 선택이 아닌 명령이다. 그렇다고 강압은 아니다. 은혜받은 자, 하나님을 사랑하는 자의 자연스러운 변화다. 또한 손해도 아니다. 우리는 하나님의 이름을 부를 수 있는 특별한 관계로 초청되었고, 심지어 하나님을 위해 기도하는 특권이 우리에게 주어진 것이다. 축복이 아닐 수 없다.

세상에서 하나님의 이름이 잊히고 있다. 하나님을 믿는 자도 하나님의 이름보다 자신의 이름과 인생을 위해 기도한다. 그러나 우리에게 더 크고, 중요하고, 영광스럽고, 복된 기도 제목이 주어졌다. 하나님의 이름을 위한 기도가 그것이다. 우리는 기도로 특별한 은혜를 누려야 한다. 그것은 바로 피조물이 창조주의 이름을, 죄인이 거룩하신 하나님을, 유한자가 무한자를 위해 기도하는 경이로움이다!

너와 나의 플렉스 점검하기

| 질문에 답하며 자신을 돌아보고, 진정한 플렉스를 위한 다짐을 나누어 봅시다. |

1. 여러분은 최근에 어떤 내용으로 기도했습니까? 그리고 주로 다른 사람들이 함께 기도해 주기를 요청하는 제목에는 어떤 것들이 있는지 나누어 봅시다.

2. 예수님은 제자들이 해야 할 기도를 말씀하시면서, 기도하는 우리는 하나님 앞에 어떤 존재라고 알려 주십니까?

3. 우리가 본래 거룩하신 하나님을 위해 기도해야 하는 이유와 이 기도로 우리에게 주어진 사명은 무엇입니까?

4. 우리는 '나의 이름'이 아니라 '하나님의 이름'을 위해 기도하는 존재가 되었습니다. 이러한 변화가 여러분에게 어떻게 다가오는지 나누어 봅시다. 그리고 앞으로 기도의 목적과 방향을 어떻게 바꾸어 나갈 것인지 결단해 봅시다.

Ch. 11

브랜드 아파트를 갖고 싶은 당신

[11] 또 이르시되 어떤 사람에게 두 아들이 있는데 [12] 그 둘째가 아버지에게 말하되 아버지여 재산 중에서 내게 돌아올 분깃을 내게 주소서 하는지라 아버지가 그 살림을 각각 나눠 주었더니 [13] 그 후 며칠이 안 되어 둘째 아들이 재물을 다 모아 가지고 먼 나라에 가 거기서 허랑방탕하여 그 재산을 낭비하더니 [14] 다 없앤 후 그 나라에 크게 흉년이 들어 그가 비로소 궁핍한지라 [15] 가서 그 나라 백성 중 한 사람에게 붙여 사니 그가 그를 들로 보내어 돼지를 치게 하였는데 [16] 그가 돼지 먹는 쥐엄 열매로 배를 채우고자 하되 주는 자가 없는지라 [17] 이에 스스로 돌이켜 이르되 내 아버지에게는 양식이 풍족한 품꾼이 얼마나 많은가 나는 여기서 주려 죽는구나 [18] 내가 일어나 아버지께 가서 이르기를 아버지 내가 하늘과 아버지께 죄를 지었사오니 [19] 지금부터는 아버지의 아들이라 일컬음을 감당하지 못하겠나이다 나를 품꾼의 하나로 보소서 하리라 하고 [20] 이에 일어나서 아버지께로 돌아가니라 아직도 거리가 먼데 아버지가 그를 보고 측은히 여겨 달려가 목을 안고 입을 맞추니 [21] 아들이 이르되 아버지 내가 하늘과 아버지께 죄를 지었사오니 지금부터는 아버지의 아들이라 일컬음을 감당하지 못하겠나이다 하나 [22] 아버지는 종들에게 이르되 제일 좋은 옷을 내어다가 입히고 손에 가락지를 끼우고 발에 신을 신기라 [23] 그리고 살진 송아지를 끌어다가 잡으라 우리가 먹고 즐기자 [24] 이 내 아들은 죽었다가 다시 살아났으며 내가 잃었다가 다시 얻었노라 하니 그들이 즐거워하더라

_눅 15:11-24

'내 집 마련'이라는 꿈

'집'은 우리에게 필수 요소다. 재난과 위협으로부터 보호받을 수 있는 곳, 더위와 추위를 피할 수 있는 곳, 식량과 재물을 쌓아 두어 재산을 유지하며 증식할 수 있는 곳, 나뿐 아니라 가족 공동체를 유지할 수 있는 곳이 '집'이다. 우리는 결코 집 없이 살 수 없다. 그래서 건축가 에드윈 헤스코트(Edwin Heathcote)는 「집을 철학하다」(아날로그)에서 "집은 삶의 기반이자 우리가 이 지구, 이 도시 혹은 이 풍경 속에 뿌리내리게 하는 장소"이며, "집은 우리에게 영속성과 안정성을 주며 우리는 그 주변에서, 또 그 안에서 인생을 설계"한다고 말한다. 그러니 집 있는 사람은 안정감을 느끼지만, 집 없는 사람은 불안할 수밖에 없다.

동서고금을 막론하고 '내 집 마련'은 모두의 꿈이다. 내 집을 갖고 싶다는 열망, 내 집을 갖고야 말겠다는 의지나 집착이 없는 사람은 세상에 거의 없을 것이다. 그런데 지금은 '내 집 마련'이 하늘의 별 따기 같은 '환상'이 되어 버렸다. 집값이 억 소리 나기 때문이다. 그래서 집이 지천으로 널렸지만, 정작 '내 집'은 없는 서글픈 형국이다.

어쩌다 내 집을 마련하는 것이 이토록 어려워져 꿈이 되어 버렸을까? 집의 기능이 이전과는 전혀 다른 양상으로 변질된 것이 그 이유가 아닐까 싶다. 지금의 집은 단지 생명과 재산, 가정을 유지하는 기능만 지니고 있지 않다. 이 시대의 집은 가장 큰 자산이며, 나만의 멋스러운 라이프 스타일과 풍요를 상징한다. 또한 집은 상권과 학군, 인프라를 의미하며, 나와 내 가족의 삶을 확장하는 데 도움을 준다. 예전에는 비바람을 막아 주고, 뜨뜻한 곳에 몸 누일 수만 있으면 족했다. 그런데 지금은 이보다 훨씬 큰 의미가 집에 부여되었다.

과연 우리가 그토록 열망하는 집 자체가 행복을 결정지을 수 있을까? 천정부지로 시세가 오르고, 상권과 학군은 당연히 좋고, 누구나 알 만하고 부러워할 만한 브랜드 아파트에 살면 행복할까? 이러한 조건들을 갖춘 집에 살면 그렇지 않은 것보다는 훨씬 좋다. 하지만 경험상 외형적인 집이 행복의 결정적인 조건이 아닌 경우도 허다했다. 생각해 보라. 한강이 보이고, 상류층이 모여 사는 동네에 있고, 초호화 생활을 누릴 수 있는 집이라도, 그곳에 살면서 매일 다투고 불화한다면, 그곳은 집이 아니라 지옥이다. 반면 변두리에 있고, 평수도 좁고, 낙후된 건물의 집이라도, 밥상 앞에 둘러앉아 웃음 섞인 수다가 끊이지 않는다면, 그곳은 마치 천국과 같을 것이다. 이는 지금 시대가 종용하는 좋은 집의 요소들이 집이 주어야 할 진정한 안식을 주지 못할 수도 있다는 뜻이다. 이 사실을 잘 보여 준 영화가 있다. 독립 영화급 제작비로 무려 420만 관객을 동원한 영화, 〈집으로〉다.

내용은 이렇다. 어린 상우(유승호 분)가 가정사로 산골에 있는 외할머니(고[故]김을분 분)에게 맡겨진다. 도시 소년인 상우에게 외할머니 집에 함께 사는 건 고역이었다. 그도 그럴 것이, 외할머니 집은 촌스럽고 더럽고 냄새나는, 재미라고는 조금도 찾아볼 수 없는 곳이기 때문이다. 또한 주름이 자글자글하고 말도 못하는 벙어리 할머니는 상우에게 짜증을 부르는 존재였다. 상우는 할머니 집에 있었지만, 마음은 딴 곳에 있었다. 할머니와 함께였지만, 할머니라는 존재를 부정하며 시간을 근근이 때웠다. 지금 사는 집을 싫어하며 계속 다른 집을 그리워하니 상우는 불안을 겪을 수밖에 없었다. 상우는 그런 모난 마음으로 외할머니에게 버릇없는 언행을 일삼는다. 나도 영화를 보면서 상우의 행동 때문에 주먹을 불끈 쥐었던 기억이 난다. 그런데 시간이 흐를수록 상우가 변해 가고, 그토록 증오하던 시골집을 점점 '내 집'으로 여기기 시작한다. 영화는 그 과정을 감동적으로 그리면서 진짜 집이 무엇인지 우리에게 알려 준다.

누가복음 15장에는 탕자라 불리는 둘째 아들이 등장한다. 상우처럼 집이 마음에 들지 않았는지 아버지께 유산을 요구하며 집을 나가기로 작정한다.

> 그 둘째가 아버지에게 말하되 아버지여 재산 중에서 내게 돌아올 분깃을 내게 주소서(눅 15:12).

그는 아버지께 대단히 무례했다. 재산의 소유권은 아버지에게 있기에 재산을 물려줄지 말지도 전적으로 아버지에게 달려 있다. 그러나 둘째 아들은 이를 무시했다. 또한 유산은 아버지가 죽은 후 물려주는 것이다. 지금 당장 그 유산을 달라는 것은 아버지보고 얼른 죽으라는 말처럼 들린다. 심지어 그에게는 형도 있었다. 따라서 둘째 아들의 이 요구는 집안을 충분히 뒤흔들 만했다. 가족들이 심기가 불편해지는 요구였다.

그가 이렇게 무례했던 이유는 아버지 집을 나가고 싶어서였다. 자신의 몫을 받자마자 '먼 나라'에 간 것만 보아도 알 수 있다. 그는 아버지와 함께 사는 집이 마음에 안 들었고, 나만의 집을 설계하고 싶었을 것이다. 재물만 있다면 지금 아버지 집에 사는 것보다 행복할 수 있다는 자신감도 있었을 것이다. 고급 아파트에 살면 당연히 행복할 것이라고 확신하듯이 그의 행동은 거침도, 주저함도 없었다. 그런데 이런 철부지 아들을 보며 아버지는 호되게 꾸짖을 법도 한데, 인자함인지 미련함인지 생명과도 같은 재산을 결국 내어 준다. 그렇게 탕자는 호기롭게 집 문을 박차고 나갔다.

집 나가면 고생이다

아버지 집을 떠나 새로운 집을 설계하고 그곳을 누리며 살려 했던 탕자는, 바람과 달리 예상치 못한 국면을 맞이한다. 아버지와 함께 살 때는 경험할 수 없던 고생이 시작된 것이다.

> 그 후 며칠이 안 되어 둘째 아들이 재물을 다 모아 가지고 먼 나라에 가 거기서 허랑방탕하여 그 재산을 낭비하더니 다 없앤 후 그 나라에 크게 흉년이 들어 그가 비로소 궁핍한지라 가서 그 나라 백성 중 한 사람에게 붙여 사니 그가 그를 들로 보내어 돼지를 치게 하였는데(눅 15:13-15).

집 나간 탕자는 허랑방탕하게 살다가 순식간에 재산을 잃고, 흉년까지 더해져 극심한 궁핍을 겪게 된다. 재산만 많으면 다 잘될 줄 알았는데, 그 꿈이 산산조각 나 버렸다. 이 위기를 해결해 줄 아버지도 곁에 없었다. 이 막막한 상황에서 구원받을 길이 없었다. 인생은 점점 더 깊은 나락으로 떨어졌다. 끝내 돼지를 치며 돼지가 먹는 쥐엄 열매나 구하는 신세가 되었다.

당시 유대인들이 이 이야기를 들었다면 인상을 찌푸렸을 테다. 율법에 의하면 돼지는 부정한 짐승에 속하기 때문이다(레 11:7). 유복한 자제였을 그가 부정한 돼지를 다루다니, 심지어 그 돼지가 먹는 열매를 찾다니, 그마저도 빌어먹지 못하고 있다니, 충격의 연속이다. 그리고 그는 이렇게 절규한다.

> 나는 여기서 주려 죽는구나(눅 15:17).

이 절규는 당시 탕자의 처지를 고스란히 보여 준다. 그는 아버지의 재물만 있으면 될 줄 알았다. 어쩌면 아버지가 가진 재물이 자신에게 안정감을 준다고 착각했을 수도 있다. 그래서 그는 아버지와의 동행보다 아버지의 재물만을 요구했을 것이다. 결과는 폭삭 망했다. 집 나오면 왜 고생이라고 하는지 잘 보여 주는 본보기만 되었을 뿐이다.

성경에서 최초로 집을 나온 인물은 '아담'과 '하와'다. 하나님은 에덴동산이라는 안락하고 안전한 집을 준비한 후에 그들을 지으셨다. 그리고 그들은 하나님이 완벽하게 창조하신 집에서 충만한 생명과 자원을 공급받았다. 전혀 부족함이 없는 곳이었다. 청교도 윌리엄 퍼킨스(William Perkins)는 「황금 사슬: 신학의 개요」(킹덤북스)에서 창조 당시의 모습을 이렇게 묘사한다.

> 피조물의 선함은 피조물의 탁월함인데, 어떤 결핍, 즉 부패, 죄 등이 없었다. 창조에는 세계를 창조하시는 것과 거주자들을 창조하시는 것이 있다. 세계는 형성되지 않은 물질로 창조된 가장 아름다운 거처이며, 거주하기에 적절한 곳이다.

이런 곳에서도 아담과 하와는 만족하지 못했다. 그리고 하나님이 유일하게 먹지 말라 하신 선악과를 탐내면서 "하나님과 같이" 되고 싶어 했다. 이러한 탐심, 교만은 생각으로 그치지 않았고 실행으로 옮겨졌다. 그렇게 그들은 하나님에게 불순종하면서 하나님보다 하나님처럼 되는 것을, 동산보다 동산 밖으로 나가는 것을 택했다. 아버지를 떠난 둘째 아들처럼.

아담과 하와는 탕자처럼 집에 있었다면 경험하지 않을 고생을 겪는다. 먹고살기 위해 땀 흘려야 했고, 셀 수 없는 고초로 눈물을 흘려야 했다. 가장 끔찍한 것은, 죄로 인한 피 흘림의 살육을 보아야 했다는 것이다. 이 일은 모두 하나님의 집 밖에서 벌어졌다. 눈물, 땀, 피 흘림 없이 살 수 없게 되었다. 그들도 하나님의 동산, 그 거처를 그리워했을 것이다.

탕자, 그리고 아담과 하와가 추억하고 다시 가고픈 그 집의 공통점은 무엇인가? 그들에게 본래 생명과 사랑을 베풀어 주던 존재가 있다는 것이다. 아담과 하와에게는 하나님, 탕자에게는 아버지가 있었다. 그래서 그들은 단지 공간적인 '그 집'을 그리워한 것이 아니다. 아담은 에덴동산을, 탕자는 자신이 살던 집 자체를 추억한 것이 아니다. 집을 가득 메우던 사랑이 고팠던 것이다. 모든 것을 잃고 낙심한 탕자가 계속 내뱉는 단어가 무엇인가? 집? 음식? 재산? 옷? 아니다. '아버지'다(눅 15:17-20). 아버지를 반복적으로 언급하면서 아버지에 대한 강력한 그리움이 그에게 있다는 것을 보여준다. 그리고 탕자는 깨달았을 것이다. 자신에게 진정한 집은 아버지가 계신 '그곳'이라는 것을. '그곳'은 재물로 만들 수도, 대체할 수도 없다는 사실을. 우리도 결국 살면서 탕자처럼 깨닫게 된다. 살을 깎고 뼈를 갈아 얻은 궁궐 같은 집이 나에게 참된 안식을 줄 수 없다는 사실을.

아버지가 계신 그 '집'

앞서 언급한 영화 〈집으로〉의 이야기를 마저 하자면, 상우는 시간이 흐를수록 재미있는 변화를 보인다. 혐오하던 집을 점점 자기 집처럼 드나들기 시작했다. 밖에서 무엇을 하든 꼬박꼬박 집에 돌아왔고, 시골 촌구석 집을 편하게 여기기 시작했다. 그래서 마지막에는 그 집을 떠나기 싫어 눈물까지 흘린다.

어떻게 이러한 변화가 생겼을까? 집이 리모델링되지도 않았다. 상우가 좋아하는 음식과 물건은 여전히 없었다. 재개발로 상권이 바뀌지도 않았다. 이유는 단 하나였다. 할머니의 '사랑'이 상우에게 그 촌스러운 집을 아늑한 자신의 집처럼 느끼게 해주었다. 아이의 거친 말에도 오히려 미안하다고 하는 사랑, 아이가 먹고 싶은 음식이 있다고 하면 산나물을 캐서 장사 나가는 사랑, 본인은 고무신을 신어도 손자에게는 새하얀 운동화를 사 주는 사랑, 그 할머니의 사랑이 상우에게 진정한 집을 선물했다.

지금 우리가 거하는 집이 왜 편한지 아는가? 가족과 사랑이 있기 때문이다. 엄마와 아빠, 형제와 자매, 자녀들이 있는, 세상 끝 날까지 내 편이 되어 주며 생명을 다해 나를 사랑해 주는 가족이 있어서 우리는 집에서 편히 쉴 수 있다. 가족의 존재와 사랑으로 진정한 집이 만들어진다.

아버지가 늦은 나이에 신학 공부를 시작하셔서 우리 가정은 경제적 어려움을 피할 수 없었다. 지금 생각하면 말도 안 되는 집에 살기도 했다. 지하방이었고, 화장실은 바깥에 있었는데, 그마저도 공용이거나 재래식이었다. 부엌과 욕실이 하나로 된 집에 산 적도 있다. 지금 살아 보라고 하면 절대 못 살 집이다. 그 시절 집은 나에게 수치와 상처, 우울감을 주었다. 누구에게도 들키고 싶지 않았다. 그래서 늘 좋은 집에 살고 싶은 소원을 품었고, 이사할 때마다 부모님에게 집의 형태를 꼬치꼬치 물었다. 화장실이 안에 있는지, 1층인지, 내 방이 있는지 등등 말이다.

그러다 세월이 지난 어느 날 그 시절을 추억하며 '내가 정말 허름한 집에 살아서 힘들고 우울했을까?'라는 의문이 생겼다. 고민 끝에 내린 결론은 집 상태가 아닌 '부모님의 부재'가 나에게는 더 큰 문제였다는 것이다. 어려운 시기에 살던 집들에는 대부분 '엄마'와 '아빠'가 없었다. "엄마, 아빠, 나 왔어"라고 말하며 들어갈 때, 대답해 주시는 엄마가, 번쩍 안아 주시는 아빠가 없었다. 신학 공부를 하시며 목회자의 길을 걸으시는 아버지, 생계를 도맡아 밤낮 일하시는 어머니는 도저히 집에서 편히 계실 수가 없었다. 그러니 많은 시간을 나 혼자 있었고, 나에게 집은 언제나 쓸쓸하고 차가운 곳이었다. 만약 부모님과 그 시절 많은 시간을 보냈더라면, 집에 대한 기억은 다르지 않았을까 싶다.

탕자는 재물로 집을 대신할 수 있을 것이라 자신했다. 그러나 실패했다. 집을 나온 그는 재물은 있었지만 아버지가 없었고, '아버지의 부재'로 불행을 피할 수 없었다. 아버지와 함께라면 그는 어디에 있든 아버지의 사랑과 능력이라는 품 안에서 안전했을 것이다. 그래서 탕자는 재물도, 음식도, 의복도, 안락한 공간도 아닌 아버지를 그리워했다. 자신을 사랑해 주고, 보호해 주며 늘 인자하게 웃으시는 아버지, 그 존재가 그리워 집으로 돌아가고 싶어 했다. 그래서 그가 일어나 향한 곳도 '집'이 아니었다.

내가 일어나 아버지께 가서 이르기를……(눅 15:18).

그렇다. 그는 집이 아닌 아버지를 향해 갔다. 아버지가 계신 그곳이 탕자를 먹이고 쉬게 하는 진정한 '집'이기 때문이다. 그렇게 탕자는 다시 아버지께로 돌아갔다. 아버지에게 어떤 질책을 들어도, 형에게 어떤 핀잔을 들어도, 주변 사람들에게 조롱당해도, 이런 것들은 그에게 더 이상 중요하지 않았다. 아버지가 보고 싶었다. 아버지가 필요했다. 아버지의 품만이 그가 안식할 수 있는 유일한 처소였다. 집 없이는 단 하루도 살 수 없고, 고단함을 씻어 낼 수도, 생명을 유지할 수도 없는 것이 우리다. 탕자는 그 집을 찾기 위해 아버지를 향해 달려갔다.

아버지께로 돌아오라

성경을 보면 "하나님에게 돌아오라"는 표현이 많다. 우리가 지금 어디에 있어야 하는지, 앞으로 어디를 향해야 하는지 알려 주는 말씀이다. 인간은 자꾸만 하나님을 떠나려 하고, 하나님을 대신할 집을 찾아 정처 없이 떠돈다. 그러나 탕자처럼 실패한다.

우리가 거해야 하는 영원한 집은 비로소 하나님에게 돌아올 때에야 찾을 수 있다. 그곳에 참된 안식과 사랑, 풍요가 있다. 그래서 신앙의 시작도, 회복도 모두 '하나님에게 뉘우치며 돌아가는 것'에 있다. 탕자도 아버지께 돌아가며 본래의 집을 향했다.

그렇다면 뉘우치고 돌아가는 탕자를 아버지는, 더 나아가 탕자와 같은 우리를 하나님은 어떻게 맞아 주실까? 이 말씀을 천천히 읽으며 탕자를 향한 아버지의 마음, 그리고 우리를 향한 하나님의 마음을 느껴 보자.

이에 일어나서 아버지께로 돌아가니라 아직도 거리가 먼데 아

> 버지가 그를 보고 측은히 여겨 달려가 목을 안고 입을 맞추니 아들이 이르되 아버지 내가 하늘과 아버지께 죄를 지었사오니 지금부터는 아버지의 아들이라 일컬음을 감당하지 못하겠나이다 하나 아버지는 종들에게 이르되 제일 좋은 옷을 내어다가 입히고 손에 가락지를 끼우고 발에 신을 신기라 그리고 살진 송아지를 끌어다가 잡으라 우리가 먹고 즐기자 이 내 아들은 죽었다가 다시 살아났으며 내가 잃었다가 다시 얻었노라 하니 그들이 즐거워하더라(눅 15:20-24).

아들은 아버지가 무서웠을 테다. 우리네 아버지들이 다 그렇게 엄하지 않았던가. 그러나 탕자의 아버지는 그러지 않았다. 탕자가 돌아왔다는 사실만으로 기뻐했다. 기쁨에 겨워 아들을 안아 주며 입 맞추었다. 아들이 잘못을 뉘우치며 아들의 지위를 포기하겠다고 해도 아버지는 귓등으로도 듣지 않았다. 어차피 이미 흥에 겨워 그런 이야기를 들을 정신도, 마음도 없었다. 아들에게 가장 좋은 옷을 입혀 주고, 손에 가락지를 끼워 주고, 발에 신을 신겨 주면서 나의 사랑스러운 존귀한 아들이라는 사실을 만인에게 공표했다. 그리고 탕자의 아버지는 이 순간을 즐기고 또 즐겼다. 그 즐거움이 온 집 안을, 아니 온 마을을 떠들썩하게 했을 것이다. 그만큼 아버지는 신이 났다! 그런 아버지를 보며 탕자는 안도의 한숨을 쉬며 이렇게 말했을 것이다. "이제 살았다. 이제 됐다. 다시는 이 집을 떠나지 말자."

교회를 섬기다 보면 오랜만에 예배당에 찾아오는 성도를 종종 맞이한다. 다 그렇지는 않지만, 꽤 많은 성도가 예전에 앉았던 자리에 앉아 예배를 드리면서 그렇게 우신다. 사연은 다 알 수 없지만, 하나님과 교회를 멀리하고 이곳저곳 다니면서 느꼈던 회한, 여전히 신실한 사랑으로 따뜻하게 맞아 주시는 하나님에 대한 감사의 눈물이 아닐까 싶다. 하나님을 떠나 봐야, 하나님에게 돌아와 봐야 알 수 있는 신앙의 감정이다.

지금 나는 어떤 집에 살고 있는가? 좋은 아파트에 고급 차를 주차하며 안심하고 있는가? 아니면 이러한 삶을 꿈꾸고 소망하는 것으로 위안 삼고 있는가? 아버지의 집을 당차게 나가 재물로 나만의 집을 만들려 했지만, 돼지가 먹는 쥐엄 열매나 구하는 탕자의 지난날이 우리의 지금이 될 수도 있다. 토머스 보스턴(Thomas Boston)이 「인간 본성의 4중 상태」(부흥과개혁사)에서 "아무리 영광스러운 곳에 머물며 그곳에서 천사들과 교제하는 복을 누린다고 할지라도, 주 하나님과 그리스도가 없다면 그들은 결코 행복할 수 없다"고 단언한 것을 기억해야 한다. 따라서 내가 지금 사는 집의 형편, 형태보다 내가 하나님에게 돌아와 영원한 아버지의 품 안에 거하는 것이 훨씬 중요하다. 하나님이 계신 그곳에는, 하나님과 함께하는 그 삶에는 부족함이 없다. 모든 것을 가지고 다스리시며, 우리를 눈동자같이 소중히 여기시며, 날개 그늘 아래에 감추시는 아버지가 계시기 때문이다.

지금 내가 사는 환경에 실망하거나 집이 초라하다고 부끄러워할 필요 없다. 반대로 매우 만족스러운 집에 산다고 자만하지 말아야 한다. 우리의 행복한 집은 재물로만 만들 수 없다. 하나님 아버지의 존재가 우리가 거하는 곳을, 살아가는 삶을 집으로 만든다. 그래서 우리가 거친 들 같은 지역에 살아도, 초막과 같은 집에 거해도 하나님 아버지와 함께라면 이미 그곳은, 그 삶은 그 어디나 하늘나라와 같은 풍요롭고 안락한 집이 된다.

너와 나의 플렉스 점검하기

| 질문에 답하며 자신을 돌아보고, 진정한 플렉스를 위한 다짐을 나누어 봅시다. |

1. 요즘에는 집의 개념이 이전과는 많이 달라졌습니다. 지금 이 시대의 집은 우리에게 어떤 의미를 주고, 어떤 기능을 합니까? 그리고 여러분이 바라고 꿈꾸는 '좋은 집'의 조건은 무엇입니까?

2. 탕자라 불리는 둘째 아들은 아버지의 유산을 요구하며 재물만 들고 집을 나갔습니다. 그는 왜 그렇게 행동했을까요?

3. 호기롭게 집을 나간 탕자는 어떤 결말을 맞이하고 결국 누구를 그리워하며 찾기 시작합니까? 이러한 탕자의 삶은 우리에게 무엇을 말해 줍니까?

4. 하나님 아버지와 함께하면 그곳이 어디든, 그 삶이 어떤 삶이든 우리 집, 하나님 나라가 됩니다. 지금 여러분은 어디에서 안식과 풍요를 누리고 있습니까?

Ch. 12

애써
감사 거리를
찾지 않아도

감사

[11] 예수께서 예루살렘으로 가실 때에 사마리아와 갈릴리 사이로 지나가시다가 [12] 한 마을에 들어가시니 나환자 열 명이 예수를 만나 멀리 서서 [13] 소리를 높여 이르되 예수 선생님이여 우리를 불쌍히 여기소서 하거늘 [14] 보시고 이르시되 가서 제사장들에게 너희 몸을 보이라 하셨더니 그들이 가다가 깨끗함을 받은지라 [15] 그중의 한 사람이 자기가 나은 것을 보고 큰 소리로 하나님께 영광을 돌리며 돌아와 [16] 예수의 발아래에 엎드리어 감사하니 그는 사마리아 사람이라 [17] 예수께서 대답하여 이르시되 열 사람이 다 깨끗함을 받지 아니하였느냐 그 아홉은 어디 있느냐 [18] 이 이방인 외에는 하나님께 영광을 돌리러 돌아온 자가 없느냐 하시고 [19] 그에게 이르시되 일어나 가라 네 믿음이 너를 구원하였느니라 하시더라

_눅 17:11-19

"감사합니다"라는 말 한마디

청년들에게 많은 사랑을 베푸시던 권사님이 있었다. 어느 날 그 권사님이 최근 굵직한 사역에 헌신한 청년들에게 맛있는 식사를 섬기고 싶다고 말씀하셨다. 나는 기쁜 마음으로 자리를 만들었고, 권사님은 청년들이 가장 좋아하는 닭갈비를 사 주셨다. 무한 리필 식당은 아니었으나 무한 리필급으로 주문하게 하셨다. 풍성하게 차려진 음식과 소회를 나누는 즐거운 담소, 무엇 하나 빠지지 않는 정겨운 시간이었다. 권사님은 이런 모습을 지긋이 바라보시며 흡족해하셨다. 식사를 마치고 나는 머리 숙여 정중히 감사 인사를 드렸다. 권사님은 손사래 치시며 별것 아니라고 하셨다.

그런데 그 후에 문제 하나가 터졌다. 그 권사님이 그날 큰 서운함을 느끼셨다는 소식이 들려온 것이다. 놀란 마음에 무슨 일이 있었는지 궁금해서 바로 연락을 드렸으나, 괜찮다는 말만 연신 하실 뿐 속 시원히 말씀을 안 해주셨다. 그러다 주변 분들을 통해 그 이유를 알아냈다. 청년들 중 그 누구도 감사 인사를 하지 않아 마음이 어려웠다는 것이다.

처음에는 이해되지 않았다. 아니, 답답하고 약간은 속상한 마음도 들었다. '바람 없이 베풀어 주시면 안 될까?' '어린 청년들을 너그러이 봐주시면 안 될까?' '정말 이것이 서운함을 드러낼 만한 일인가?' …… 라는 아쉬운 생각이 들었다.

그러던 어느 날, 권사님이 왜 그러셨는지 깨닫게 되는 순간을 마주하게 되었다. 작은 선물이나 호의를 베푼 후 감사 인사를 기다리는 나 자신을 발견한 것이다. 예수님의 희생보다 큰 희생은 없다고 하면서 어떤 대가도, 심지어 고맙다는 말 한마디도 바라지 않는다고 떠벌리던 나였다. 그런데 막상 무언가를 베풀어 보니, 마음 한 구석에는 상대방의 긍정적인 반응과 감사 인사가 잠잠히 자리하고 있었다.

사람들은 누군가가 올린 글이나 영상을 본 후 어떤 반응을 보이고 싶을 때, 그 콘텐츠에 '좋아요' 혹은 '싫어요'를 누르거나, '댓글'을 단다. 이때 달 수 있는 댓글에는 세 종류가 있다. 긍정적인 댓글인 '선플', 악의적인 댓글인 '악플', 그리고 무관심을 표현한 '무플'이다. 그렇다면 선플, 악플, 무플 중 사람들이 가장 꺼리고 두려워하는 것은 무엇일까? 악플일 것 같지만 실상은 무플이다. 소외를 극도로 꺼리는 사람에게는 당연한 반응이다. 내가 어떤 말이나 행동을 했을 때, 사람들이 무반응과 무관심으로 일관한다면 내 존재를 부정당하는 듯한 쓸쓸함이 밀려 온다. 차라리 악플로 비난받으며 세상과 실낱같이 이어져 있는 게 나을 수 있다. 그만큼 사람들은 늘 타인의 반응에 굶주려 있다. 누군가에게 호의를 베풀었을 때는 반응을 보고 싶은 것이 지극히 자연스럽고 정상적인 마음이다. 그 반응이 너와 내가 이어져 있고, 너와 내가 영향을 주고받는다는 긍정적 신호이기 때문이다.

감사는 사람이 그토록 바라는 '반응'에서 한 걸음 더 나아간다. '내게 주어진 호의가 당신으로부터 왔습니다'라는 '인정'의 의미를 포함한다. 인정을 받으면 하늘을 나는 기분이다. 푸짐한 밥상을 차려 주신 어머니께, 가족들을 먹여 살리려 밤낮 수고하시는 아버지께 엄지손가락 빳빳이 치켜세우며 "엄마, 아빠, 최고!"라고 외쳐 보라. 아마도 두 분은 밥을 드시지 않아도 배부른, 그간의 고단함과 설움이 싹 사라지는 기적을 경험하실 것이다. 이러한 '인정'의 의미가 담긴 감사 인사를 받으면 마음이 흡족할 수밖에 없다.

반응과 인정을 선사하는 감사 인사는 기다려질 수밖에 없다. 받으면 기뻐할 수밖에 없다. 그래서 때로는 "감사합니다"라는 말 한마디로 신세를 갚기도 한다. 베푼 사람은 이 말 한마디면 족하다. 큰 보상을 받은 것과 다름없고, 훗날 또 다른 호의를 베풀고 싶은 마음까지 생길 것이다. 반대로 감사 인사를 건네지 않으면 호의를 베푼 이에게 무반응과 무시를 안겨 주는 것이니, 작게는 서운함부터 크게는 관계를 끊어 버리고 싶은 마음까지도 들게 한다.

감사한 이유, 감사하지 않은 이유

성경도 하나님에게 드리는 감사를 강조한다. 그래서 성도에게 감사는 필수이자 일상이 되어야 한다. 그런데 대부분의 감사 내용이

엇비슷하다. 가시적이고 물질적인 이유를 들어 감사한다. 고난 중에도 감사하며, 때로는 감사 일기도 쓰지만, 대부분 작디작은 좋은 일을 기어코 찾아 감사하는 것이 다반사다. 여기서 질문 하나를 하고 싶다. 정말 조금도 감사할 일이 없다면, 대체 무엇을 감사할 수 있을까?

우선 성경은 이유를 찾아 감사하라고 말하지 않는다. 딱 잘라 "하나님에게 감사하라"고 말한다. 지금 우리가 하는 감사보다 훨씬 간명하다.

> 여호와께 감사하라 그는 선하시며 그 인자하심이 영원함이로다 신들 중에 뛰어난 하나님께 감사하라 그 인자하심이 영원함이로다 주들 중에 뛰어난 주께 감사하라 그 인자하심이 영원함이로다(시 136:1-3).

받은 복을 세어 보거나 도저히 인생 안에서 감사 제목을 찾지 못하면 자연이라도 보며 감사하는 것이 우리다. 그러나 시인의 감사에는 어떠한 이유가 보이지 않는다. 그저 감사하고 또 감사한다. 우리에게는 참 생경한 감사다. 이러한 감사 태도를 우리는 어떻게 받아들여야 할까? 도대체 하나님이 원하시는 감사는 무엇일까?

본문에는 감사 한 번으로 칭찬받은 한 사람과 감사 한 번 하지 않아 책망받은 아홉 사람이 등장한다. 바로 열 명의 나환자 이야기다. 상황은 이렇다. 예수님이 한 마을에 들르셨고, 그 마을에는 마침 열 명의 나환자가 있었다. 그들에게는 회복의 여명이 보이지 않았다. 기적을 바랄 뿐이었다. 그런데 마침 예수님이 지나가신다는 소식을 듣게 된다. 치유의 기적을 베푸신 예수님의 사역에 대해 들었는지, 예수님을 보자 목청껏 소리 지른다. 질병의 수렁에서 건져 달라는 아우성이자 간청이었다.

그들은 예수님에게 다가갈 수 없었다. 율법에 따라 철저히 거리를 두며 격리되어야 했다. 그래서 멀찍이 서서 예수님을 찾았고, 이렇게 외쳤다.

> 소리를 높여 이르되 예수 선생님이여 우리를 불쌍히 여기소서 하거늘(눅 17:13).

"불쌍히 여기소서"라고 소리 높여 예수님의 시선을 사로잡았다. 모든 자존심을 내려놓는 요청이었다. 사람은 웬만하면 단점과 고충을 노출하고 싶어 하지 않는다. 말해 봤자 도움을 받기보다 무시당할 확률이 크고, 수군거리는 뒷말만 무성해지기 때문이다. 그러나 나환자 열 명은 달랐다. "불쌍히 여기소서"라는 말로 자신을 낮췄고 예수님을 높였다. 왜 그랬을까? 불확실한 사람에게는 굳이 자신의 고통을 노출하지 않지만, 예수님의 치료는 확실하기에 무작정 도와달라고 사정할 수 있었다. 그리고 그들의 소원대로 기적이 일어났다.

> 보시고 이르시되 가서 제사장들에게 너희 몸을 보이라 하셨더니 그들이 가다가 깨끗함을 받은지라(눅 17:14).

예수님은 열 명의 나환자를 불쌍히 여기셨고, 제사장들에게 몸을 보이라 하셨다. 제사장에게 받는 확인은 치유받았음을 인정받는 절차였다. 그들은 실제로 제사장에게 가는 중에 깨끗함을 받았다. 이후에 그토록 그리워했던 일상으로 돌아가게 되었다.

여기까지는 분위기가 참 좋았다. 그런데 문제가 생겼다. 열 명이나 되는 사람 중 단 한 사람만 예수님에게 돌아왔고, 치유받은 은혜에 감사했다. 심지어 말 한마디가 아니라, 예수님의 발아래에 엎드려 감사했다. 그러자 예수님은 약간 실망하셨는지 이렇게 말씀하셨다.

> 예수께서 대답하여 이르시되 열 사람이 다 깨끗함을 받지 아니하였느냐 그 아홉은 어디 있느냐(눅 17:17).

치료받은 자는 열 명이었다. 그런데 단 한 명만이 예수님을 찾아왔고, 예수님에게 감사를 표했다. 정말 궁금하다. 나머지 아홉 명은 왜 감사하지 않은 걸까?

우선 감사를 표현한 나환자의 행동을 보자. "예수의 발아래에 엎드리어 감사하니"(눅 17:16)라고 기록되어 있다. 즉, 예수님에게 엎드렸다. 엎드렸다는 것은 예수님의 권위를 향한 '경외'를 뜻한다. 반면, 나머지 아홉 명의 나환자는 유유히 자기 삶으로 돌아갔다. 예수님을 경외하지 않았기에, 조금도 거리낌 없이 떠날 수 있었다. 한 명의 나환자는 경외심으로 예수님에게 이끌려 와 엎드려 감사했고, 나머지는 그러한 마음이 없으니 예수님을 주저 없이 등질 수 있었다.

화장실 들어갈 때와 나올 때가 다른 격이다. 용변이 급하면 화장실을 간절히 찾는다. 그러다 시원하게 해소되면 언제 그랬냐는 듯, 배설과 관계없는 사람처럼 우아하고 평온한 자태로 걸어 나온다. 혹시 우리 태도가 이와 같지 않은가? 도움이 필요할 때는 울며불며 하나님을 찾는다. 불쌍히 여겨 달라고 부르짖으며 하나님의 시선과 손길을 사로잡으려 온갖 수단을 동원한다. 평생 헌신을 약속, 아니 맹세한다. 그러다 막상 배가 채워지고 등이 따뜻해지면, 언제 하나님이 필요했냐는 듯 자기 삶을 살아간다. 그 아홉 명의 나환자들처럼 말이다.

한 명의 나환자는 다시 돌아왔다. 돌아오는 수고를 마다하지 않았다. 아니, 수고롭게 여기지도 않았을 사람이다. 고치신 이가 예수님이고, 그분에 대한 강력한 '경외'가 있었기 때문이다. 경외란 두려운 마음만을 가리키지 않는다. 반드시 이끌리는 마음으로 귀

결된다. 하나님을 향한 경외도 이와 같다. 죄인으로 거룩한 하나님 앞에 서기란 여간 두려운 일이 아니다. 하지만 그분에게 이끌려 간다. 그분 없이 살 수 없다는 것을 알기에.

한 명의 나환자는 이를 깨달았고 엎드려 경외를 표했다. 그리고 감사했다. 예수님을 구주로 믿었고, 그분을 높였다. 떠나지 않고 돌아와 홀로 살 수 없음을 시인했다. 예수님 없이 자기 삶으로 돌아간, 조금의 경외도 감사도 없던 아홉 명의 나환자와는 달리.

경외에서 쏟아지는 감사

시편의 시인을 보라. 감사 거리를 찾아서 감사하지 않는다. 받은 복을 하나하나 헤아리며 감사하지 않는다. 하나님의 위대하심을 찬양하며, 오직 그분을 향한 경외로 감사한다.

> 내가 노래로 하나님의 이름을 찬송하며 감사함으로 하나님을 위대하시다 하리니(시 69:30).

시인 69편을 읽어 보면 시인이 당한 굴욕과 수치를 발견할 수 있다. 그런 상황이 해결되지 않았는데도, 시인은 하나님을 찬양하며 감사했다. 하나님은 이러한 감사와 찬양을 "황소를 드림보다" 기뻐하셨다(시 69:31). 친히 베푸신 은혜에 반응하며, 하나님을 경외하는 감사를 하나님이 어찌 아니 기뻐하시겠는가. 따라서 감사는 하나님을 경외하는 자만이 올릴 수 있는 응답이자 찬양이다. 이에 반해 하나님을 인정하지 않는 자는 당연히 하나님에게 감사하지 않는다. 하나님을 인정하지도, 높이지도, 존귀히 여기지도 않는 자는 '감사'가 없다는 말씀이 로마서 1장 21절에 잘 나타나 있다.

> 하나님을 알되 하나님을 영화롭게도 아니하며 감사하지도 아니하고 오히려 그 생각이 허망하여지며 미련한 마음이 어두워졌나니.

주석가 매튜 풀은 나환자 열 명을 온 인류라 해석한다. 그는 하나님이 해를 악인과 선인 모두에게 비추시고, 의로운 자와 불의한 자 모두에게 비를 내려 주시듯(마 5:45), 열 명의 나환자가 일반적인 은혜 안에서 모두 치유받았다고 말한다. 그런데 한 명만 반응이 달랐다. 그 사람만 예수님이 누구이신지 알았기 때문이다. 모든 사람이 같은 비를 맞지만, 그리스도인은 비를 준비하시는 하나님을 알고 그분에게 찬양과 감사를 올린다. 한 명의 나환자도 그랬다. 그는 그 치료가 어디에서 왔는지, 그 치료를 행하신 분이 어떤 분인지 정확히 알았다. 즉, 감사는 하나님을 경외하는 자만 할 수 있는 특별하고 고귀한 표현이다.

감사에 관한 책을 보면, '감사하면 건강해진다', '감사는 내 삶을 변하게 만든다' 등등, 내 몸과 삶의 변화에 초점을 두고 감사를 권한다. 그러나 감사는 고작 내 몸에 긍정 호르몬을 분비시키기 위해 하는 게 아니다. 뇌를 자극하여 좋은 생각을 만들어 내기 위함도 아니다. 작은 감사 제목을 최대한 많이 찾아내는 도전도 아니다. 더 행복해지고자 애써 감사하며 행복한 척하는 것도 아니다. 감사는 구원하신 하나님을 경외하며 그분의 권위를 인정하는 올바른 반응이자 응답이다.

그래서 예수님을 믿는 자는 감사 거리를 찾아다닐 필요가 없다. 이유 없이 진정한 감사가 가능하다. 감사의 이유가 하나님이기 때문이다. 그분은 언제나 선하시고 신실하시고 변치 않으신다. 그러니 우리는 감사하지 못할 순간이 없다. 변화무쌍한 내 삶을 보면서 감사하려 애쓰지 말라. 하나님을 경외하면, 삶의 모든 순간이 감사로 물든다.

감사로 더 가까이

하나님을 경외하는 자는 하나님에게 온전한 감사를 드릴 뿐만 아니라 그 감사로 하나님과 더욱 가까워진다. 이것은 진정한 감사만이 줄 수 있는 유익이다.

천재라 불리는 교부 아우구스티누스의 「고백록」(익투스)을 보면 그는 수사학, 논리학, 기하학 등 다양한 학문을 누구의 도움도 받지 않고 섭렵했다고 한다. 누구나 부러워할 법한 천재적 재능을 가진 그였지만, 정작 그는 이렇게 말한다. "나는 그 선물을 인정하는 제사를 당신께 드리지 않았습니다. 그렇기 때문에 하나님의 선물들이 내게 유익이 되지 못하고 오히려 나를 파멸로 이끌었습니다." 그리고 그 이유를 "나는 내 능력을 당신을 위해 남겨 두지 않고 당신을 떠나 먼 나라로 가서 매춘부들에게 다 허비해 버렸습니다"라고 고백한다.

아무리 많은 은사와 복을 받아도, 모든 것을 주신 하나님을 인정하는 감사가 없다면, 하나님과 가까워질 수 없다. 오히려 내 삶에만 집중하고 하나님과 거리를 두거나 무관하게 살게 된다. 한때의 아우구스티누스처럼, 예수님에게 다시 돌아오지 않은 아홉 명의 나환자처럼 말이다. 그러나 감사할 줄 아는 자는 구원의 은혜를 베푸신 하나님을 경외하며 그분에게 달려간다. 예수님의 발아래에 엎드렸던 한 명의 나환자처럼 말이다.

그래서 리차드 백스터(Richard Baxter)는 「기독교 생활 지침」 1(부흥과개혁사)에서 참된 감사는 "하나님에 대한 사랑을 불러일으키고 하나님의 모든 자비를 통해 마음을 하나님에게 더 가까이 가게 한다"고 말한다. 한 명의 나환자는 예수님에게 가까이 갔다. 나머지는 예수님과 멀어졌다. 감사 하나가 이러한 극명한 차이를 일으켰다.

오랜 세월 많은 그리스도인에게 은혜의 울림을 전해 준 〈나〉라는 시가 있다. 송명희 시인의 대표작이다. 아름다운 시와 달리 그의 인생은 불행해 보였다. 가난한 집안에서 태어났고, 게다가 의료사고로 뇌성 마비 장애를 평생 안고 살아왔기 때문이다. 하나님 앞에서 불평하고, 하나님을 원망해도 누구도 나무랄 수 없었다. 그럼에도 그는 쉼 없이 찬란하고 보배로운 하늘의 언어로 하나님을 노래했고, 감사를 고백했다.

나 가진 재물 없으나
나 남이 가진 지식 없으나
나 남에게 있는 건강 있지 않으나
나 남이 갖고 있지 않는 것 가졌으니
나 남이 보지 못한 것을 보았고
나 남이 듣지 못한 음성 들었으며
나 남이 받지 못한 사랑 받았고
나 남이 모르는 것 깨달았네.
공평하신 하나님이
나 남이 가진 것 나 없지만
나 남이 없는 것을 갖게 하셨네.

송명희 시인이 하나님을 찬양할 수 있었던 이유도 오직 하나님에게 있었다. 자신을 보면 감사할 부분이 조금도 없었지만, 그러한 현실을 불행으로 여기며 원망하지 않고, 하나님만으로 감사하고 기뻐하며 찬양했다.

지난날 나는 감사 대신 원망으로 하나님을 마주했다. 꽤 오랜 시간 몸과 마음이 하나님과 멀어져 있었다. 그런데 예수님을 만나 하나님의 자녀 된 삶을 살게 되자, 삶의 형편이 급격히 좋아지지 않았는데도, 지난 모든 날과 오늘을 감사할 수 있었다. 감사의 이유가 하나님의 존재 자체에 있었기 때문이다. 신실하고 선하신, 자비로우시고 오래 참으시는, 아름답고 높으신 하나님을 만나 감사했고, 그 하나님이 나와 항상 함께하시기에 감사했다.

세상에서 감사할 이유가 많은 자를 부러워할 필요가 없다. 우리의 감사 이유는 '하나님' 한 분으로 족하다. 아니, 차고 넘친다. 이러한 감사는 평생토록 감사하는 삶을 살게 하며, 매일 하나님과 친밀한 교제를 경험하게 한다. 그러니 감사의 이유로 하나님을 고백하며 선언해 보라. 하나님을 경외하고 하나님에게 감사하여 깊이와 너비가 다른 감사의 삶을 살아 보라. 분명 새로운 차원의 삶을 살게 될 것이다. "하나님께 가까이 함이 내게 복이라"(시 73:28)는 말씀이 고스란히 내 삶에 실현될 것이다.

너와 나의 플렉스 점검하기

| 질문에 답하며 자신을 돌아보고, 진정한 플렉스를 위한 다짐을 나누어 봅시다. |

1. 여러분은 주로 어떤 상황에서 하나님에게 감사합니까? 반대로 하나님에게 감사하지 못할 때는 언제입니까?

2. 나환자 열 명이 예수님에게 고침받았으나 단 한 명만 예수님에게 돌아와 엎드리며 감사했습니다. 그가 그렇게 할 수 있었던 이유는 무엇입니까?

3. 하나님을 향한 진정한 감사가 있는 삶과 그렇지 못한 삶에는 어떤 차이가 있습니까?

4. 하나님을 경외하는 자는 매 순간, 모든 것에 감사할 수밖에 없습니다. 우리의 유일한, 그리고 최고의 감사 이유인 하나님을 생각하며 감사 고백을 드려 봅시다.

Ch. 13

로또 1등 당첨되어도

가질 수 없는 것

[1] 예수께서 여리고로 들어가 지나가시더라 [2] 삭개오라 이름하는 자가 있으니 세리장이요 또한 부자라 [3] 그가 예수께서 어떠한 사람인가 하여 보고자 하되 키가 작고 사람이 많아 할 수 없어 [4] 앞으로 달려가서 보기 위하여 돌무화과나무에 올라가니 이는 예수께서 그리로 지나가시게 됨이러라 [5] 예수께서 그곳에 이르사 쳐다보시고 이르시되 삭개오야 속히 내려오라 내가 오늘 네 집에 유하여야 하겠다 하시니 [6] 급히 내려와 즐거워하며 영접하거늘 [7] 뭇사람이 보고 수군거려 이르되 저가 죄인의 집에 유하러 들어갔도다 하더라 [8] 삭개오가 서서 주께 여짜오되 주여 보시옵소서 내 소유의 절반을 가난한 자들에게 주겠사오며 만일 누구의 것을 속여 빼앗은 일이 있으면 네 갑절이나 갚겠나이다 [9] 예수께서 이르시되 오늘 구원이 이 집에 이르렀으니 이 사람도 아브라함의 자손임이로다 [10] 인자가 온 것은 잃어버린 자를 찾아 구원하려 함이니라

_눅 19:1-10

돈의 위험성

"로또 1등 당첨이요!" "건물주요!"

초등학생 아이들을 심방하며 꿈을 물었을 뿐이다. 아이들의 꿈, 장래 희망을 듣고 축복해 주고 싶었다. 그러나 이런 나의 순수한 마음이 짓밟히는 대답을 듣고야 말았다. 그래도 내가 어릴 적에는 아이들이 소방관, 경찰관, 과학자, 화가 등등 다양한 꿈을 말했다. 나 역시 소방관 아저씨가 되고 싶다고 장래 희망을 발표한 기억이 지금도 생생하다. 불을 끄고 위험에 처한 사람들을 구하는 모습이 멋있어 보였다. 그런데 요즘 아이들은 매우 다르다. 낭만적인 꿈을 묻는 질문에 현실적인 목표로 대답한다. '유튜버', '프로게이머'를 꿈꾸는 아이가 많다는 이야긴 들어 봤는데, 이토록 현실적인 답이 나올 줄은 몰랐다. '로또 1등 당첨'과 '건물주'라는 꿈을 천진난만한 얼굴을 지닌 아이들에게 들으니 참 씁쓸했다. 상상의 나래를 활짝 펼칠 시기에 벌써부터 노골적으로 돈을 좇으니 말이다.

안타깝게도, 아이는 어른의 거울이라고 하지 않던가. 내가 들은 이 대답이 지금 이 시대 어른들이 무엇을 좇고 있는지 정확히 보여 주고 있다. 바로 '돈'이다. 세상과 우리는 돈이 있으면 행복하다는 것을, 돈만 있으면 다 된다는 것을, 반대로 돈이 없으면 불행하다는 것을 아이들에게 은연중에 보여 주었다. 아이들에게는 꿈과 희망을 가지라고 열변을 토하지만 정작 우리 삶은 그러지 않기에 아이들은 벌써부터 꿈보다는 돈을 좇고 있었다.

텔레비전과 소셜 미디어에는 돈을 과시하고 향유하는 사람들이 나와 "너도 노력하면 나처럼 부자가 될 수 있다"고 부추긴다. 그런 것을 보면 어찌 부럽지 않고 도전하고 싶지 않겠는가. 그러다 보면 자연스럽게 돈이면 행복할 수 있다는 신념이 똬리를 틀게 된다. 그래서 이제는 숭고한 사명보다 그저 경제적 자유를 속히 얻어 안락하고 행복하게 살고 싶어 하는 것이 당연해졌다. 작금의 사람들이 돈만 외치고 추구하는 것이 이해되지 않는 것은 아니다. 하지만 그리스도인으로서 안타까운 마음은 감출 수가 없다.

정말 돈이면 다 될까? 돈만 있으면 행복할까? 이 질문에 "그렇다"고 말하는 세상 속에 살기에 나 또한 주저하게 된다. 돈 때문에 불화하며 흔들리는 가정, 꿈을 포기하고 좌절하는 청년, 치료받지 못해 병들어 가는 환우들을 보아 왔기 때문에 더욱 그렇다. 그래도 복음을 믿고 전하는 자로서 이렇게 말하고 싶다. 돈은 우리 인생을 구원으로 이끌 수 없으며, 돈만으로 결코 온전한 행복을 이룰 수 없다고. 성경 곳곳에서 호소하고 경고하듯 돈을 과하게, 또는 맹목적으로 좇고 바라고 축적하면 일만 악을 만들 위험이 있다. 무엇보다도 돈을 우상시하면, 우리 삶에서 가장 중요한 두 가지 '관계'가 파괴될 수 있다.

첫째로, 하나님과의 관계가 파괴된다. 돈은 전능하신 하나님과 같다. 돈으로 행복, 건강, 사람, 지위, 권력까지 얻을 수 있고, 꿈과 이상을 실현할 수 있다. 돈에 매력을 느끼면 하나님을 멀리할 수밖에 없다. 돈은 즉각적인 효과를 보여 주는데 하나님은 "세월아 네월아" 묵묵부답이시다. 돈은 가시적인데 하나님은 보이지 않는다. 돈이 많으면 부러움을 사는데 하나님을 믿는 신앙은 아무리 좋아도 누구도 알아주지 않는다. 보물을 땅이 아닌 하늘에 쌓는다는 것(마 6:19), 재물보다 하나님을 따르고 섬긴다는 것(마 6:24)은 현실적으로 쉽지 않다. 그래서 많은 그리스도인이 돈 앞에서 속절없이 무너져 결국 하나님보다 돈을 택한다.

둘째로, 이웃과의 관계가 파괴된다. 존 파이퍼는 「돈, 섹스 그리고 권력」(생명의말씀사)에서 하나님보다 재물을 좋아하는 바리새인(눅 16:14), 하나님이 긍휼히 여기시던 과부를 착취한 서기관(눅 20:47), 대문 앞에서 죽어 가는 거지에 무관심한 부자(눅 16:19-25)를 예로 들면서 돈 때문에 우리가 타인에게 해악을 끼칠 수 있다는 사실을 신랄하게 경고한다.

> 부자는 곁에 있는 가난한 자들을 무시하고, 돈을 사랑하고 술에 찌든 아비는 자녀들을 외면하고, 용병들은 상관을 위하는데 전혀 관심 없고, 목사인 척하며 양의 탈을 쓴 이리는 양들을 잡아먹고, 돈 버는 데만 여념 없는 포주는 소녀들을 창녀로 만듭니다. 부의 파멸적인 결과는 끝도 없습니다.

행복해지고 싶어서, 이전보다 잘 살아 보고 싶어서, 가족과 친구와 좋은 관계를 유지하고 싶어서 돈을 벌고 모았지만, 그 모든 것이 파괴될 수 있는 실상을, 그래서 결국에는 행복이 아니라 불행에 다다른다는 것을 말해 준다. 이처럼 우리 인생을 돈으로만 채우면 하나님과 이웃이 없는 괴물 같은 존재가 될 수 있다. 본문에 등장하는 세리 삭개오처럼 말이다.

돈으로 채우지 못한 인생

삭개오는 부족함이 없어 보였다. 성경이 소개하는 대로 그는 "세리장이요 또한 부자"였기 때문이다. 그는 세리들 중에서도 감독 역할을 했을 것이다. 그리고 세금을 로마 정부에 상납하면서 자신의 몫을 챙겼을 것이다. 이 직급 하나로 그의 인생이 부요해졌다. 예나 지금이나 돈이면 다 되고, 돈이 많으면 최고 아니겠는가. 그는 돈이 주는 만족으로 아쉬울 것 하나 없는 인생을 살았을 것이다.

로마 정부 소속의 세리로, 더 부유해지기 위해 로마를 향한 충성심이 날이 갈수록 하늘을 찔렀을 것이다. 반대로 동족을 향해서는 날로 가혹해졌을 것이다. 이러한 그의 삶은 비판과 증오를 피할 수 없었다. 동적을 등진 배반자였고, 실익을 좇던 기회주의자였기 때문이다. 민족성이 강했던 유대인들이기에 더욱 날선 분노를 품었을 것이다. 그를 바라보는 시선은 아마도 우리가 친일파를 바라보는 분노의 시선과 같았을 것이다.

그래도 그는 개의치 않았다. 정말 힘들었다면 세리를 당장 때려치우고 참회하고 동족에게 무릎 꿇었을 것이다. 그러나 그렇게 하지 않았다. 아무리 증오와 비판을 받아도 집에 쌓여 가는 재물과 상다리 휘어지게 차려진 음식을 보면서 나름 행복했을 것이다. 뒤에서는 욕을 해도 앞에서는 벌벌 기는 사람들을 보면서 권력의 맛도 보았을 것이다. 그러나 돈으로 채우고 만족하며 버티던 삶도 그리 오래가지 못했다. 앞서 파이퍼가 말한 것처럼 그도 동족과 이웃을 착취하는 자신의 악랄함을 보며 "부의 파멸적인 결과"를 서서히 느끼고 있었을 것이다. 완벽해 보이던 그의 삶에 균열이 일어나기 시작했다. 그리고 파괴되어 가는 인생에 공허함만 남았다. 그래서인지 그는 예수님이 여리고로 들어오시자 곧장 이렇게 행동한다.

> 그가 예수께서 어떠한 사람인가 하여 보고자 하되 키가 작고 사람이 많아 할 수 없어 앞으로 달려가서 보기 위하여 돌무화과나무에 올라가니 이는 예수께서 그리로 지나가시게 됨이러라(눅 19:3, 4).

만약 삭개오가 자신의 삶에 만족했다면 예수님의 소식을 귀담아 듣지 않았을 것이다. 그런데 그도 채워지지 않는 무언가가 있었을 것이고, 그래서 몇 날 며칠 밤을 지새웠을 것이다. 만약 그러지 않았더라면 그가 예수님을 보려고 왜 뛰어 왔겠는가? 단순한 호기심이라면 먼발치에서 예수님을 구경하면 그만이었다.

그러나 우리는 안다. 사람은 결핍이 있을 때 이를 채우고자 절박하게 움직이고 뛰어다닌다는 사실을. 어떻게든 살아야 하고, 살아 내야 하기 때문에 구질구질하더라도 매달린다는 사실을. 삭개오는 아쉬움과 부족함이 없는 사람처럼 보였지만, 모두가 두려워하고 바늘로 찔러도 피 한 방울 안 나올 것 같은 차디찬 자였지만, 그에게는 예수님을 만나야 하는 분명한 이유가 있었다. 그래서 그는 예수님을 향해 숨 가쁘게 달려가야 했다.

그는 정말로 간절했다. 그의 치명적인 콤플렉스인 작은 키를 드러내는 행동만 보아도 알 수 있다. 며칠을 꼬박 굶주렸다가 음식을 마주하면 어떤 일이 벌어지는가? 양반이건, 재벌이건, 권력자건 음식 앞에서 품위를 지키는 사람은 없을 것이다. 삭개오는 나름 권력자로서 떵떵거리며 살았고, 체면과 위상을 지키고자 작은 키를 들키고 싶지 않았을 것이다. 그러나 그는 공허하고 배고팠다. 행복해지고 싶었다. 그래서 자신의 콤플렉스가 탄로 날 법한 상황에서도 지체 없이 돌무화과나무에 올라갔고, 누구에게도 굽혀 본 적 없던 그가 예수님에게 매달리기 시작했다.

삭개오, 예수님과 이웃을 만나다

삭개오는 그렇게 모든 것을 내려놓고 예수님을 찾아갔다. 그런 삭개오에게 두 가지 만남이 순차적으로 주어진다. 그리고 쌓여 가는 돈으로도 채울 수 없었던 텅 빈 삶이 비로소 채워지기 시작한다. 인생이 격변한 것이다.

먼저 그는 구주이신 예수님을 만났다. 삭개오는 운집한 군중 탓에 예수님에게 도저히 다가갈 수 없었다. 그래서 최후의 방법으로 돌무화과나무에 올라갔다. 그 순간 그에게는 체면도 품위도 중요하지 않았다. 예수님만 바라보았다. 그리고 예수님은 그런 삭개오를 쳐다보셨고, 그의 이름을 친히 불러 주셨다.

> 예수께서 그곳에 이르사 쳐다보시고 이르시되 삭개오야 속히 내려오라 내가 오늘 네 집에 유하여야 하겠다 하시니(눅 19:5).

매튜 풀은 예수님의 시선을 "치유의 눈길"이라 해석한다. 어색한 눈 맞춤도 아니었고, 우연히 쳐다보신 것도 아니었다. 사랑의 주님이 남모를 고통을 앓던 삭개오에게 시선을 건네시며 그를 치유하기 시작하셨다. 다른 사람들은 삭개오를 보며, 자기 배나 두드리면서 호의호식한다 여기고 눈을 흘겼지만 예수님은 아니셨다. 삭개오를 누구보다도 잘 알고 계셨다.

또한 본문은 삭개오를 쳐다보신 예수님이 누구신지 작은 단서를 준다. 예수님의 신적인 모습을 드러내면서 예수님이 구원자라는 사실을 말하고 있다. 예수님이 여리고에 입성하실 때만 하더라도 그저 평범해 보였다. 백마 탄 왕자의 모습도, 엄청난 부자나 권력자의 모습도 아니셨다. 평범한 사람의 모습으로 걸어 오셨다. 사람들은 그런 예수님을 보면서 예수님이 '구원자'라는 사실을 알아채지 못했다. 그러나 예수님은 불현듯 일면식도 없는 삭개오의 이름을 부르셨다. 삭개오와 그의 이름, 그의 삶까지 속속들이 꿰뚫고 계셨고, 이러한 행동으로 당신이 구주임을 알려 주셨다.

예수님은 구원자로서 삭개오를 이미 아셨고, 그에게 치유의 시선을 보내셨다. 그리고 그의 이름을 따뜻하게 불러 주셨다. "삭개오야 속히 내려오라." 누구도 그렇게 따뜻하고 정겹게 삭개오의 이름을 부르지 않았다. 예수님은 사람들이 괴물로 여기던 삭개오를 이미 알고 계셨고, 그의 이름을 부르시면서 그 존재를 인정해 주셨다.

김춘수 시인은 "내가 그의 이름을 불러 주었을 때, 그는 나에게로 와서 꽃이 되었다"고 말했다. 이름을 불러 준다는 것은 그 존재의 존귀함을 인정하며, 동시에 너와 나의 관계로 초청하는 행위다. 예수님이 삭개오의 이름을 불러 주셨을 때 삭개오는 자신의 존재를 인정받았고, 그 순간 예수님에게 의미 있는 존재가 되었다. 그리고 하나님이며 구원자이신 예수님이 "오늘 네 집에 유하여야 하겠다"고 말씀하셨다. 삭개오를 사귐의 관계로 초청하신 것이다. 이에 피도 눈물도 없던 삭개오가 예상 밖의 반응을 보인다.

급히 내려와 즐거워하며 영접하거늘(눅 19:6).

그가 즐거워하며 나무에서 내려왔다. 돈을 뜯으러 가는 것도, 쌓인 돈을 세러 가는 것도 아니었다. 단지 예수님을 만난 것이었다. 돌무화과나무에 숨어 있던, 돈으로 인생을 채우려다 모든 관계가 파탄 난 자신을, 주님이 당신과의 관계로 불러 준 이 순간이 몹시 좋았다. 이 대목은 새찬송가 85장 1절을 떠오르게 한다.

구주를 생각만 해도 이렇게 좋거든
주 얼굴 뵈올 때에야 얼마나 좋으랴.

돈으로 인생을 채워 보려 했지만 실패했던 그가, 공허함에 시달려 예수님을 찾아왔던 그가 주님의 부름에 즐거워했다. 더 이상 그에게 마음과 인생의 흠도 틈도 느껴지지 않았다. 우리를 주리게도, 목마르게도 하지 않으시는 예수님, 삭개오는 그분을 만나고, 그분으로 삶을 채우게 된다. 그분과 만나면, 그분으로 우리 삶이 채워지면, 파괴적인 삶이 치유되고, 영혼에 생명이 차오르기 시작한다.

그렇게 배불러하고 즐거워하는 삭개오에게, 또 다른 만남이 기다리고 있었다. 이번엔 '이웃'이었다.

삭개오는 철저히 이기주의적인 삶을 살았다. 이웃은 필요 없었다. 이웃은 착취의 대상일 뿐, 사실상 이웃으로 여기지도 않았다. 돈만 잘 벌면 이렇게 평생 혼자 살아도 문제없다고 생각했을 것이다. 그러나 그에게 예수님이 찾아오시자 극적인 변화가 나타났다. 그의 삶에 '이웃'이라는 존재가 스며든 것이다.

> 삭개오가 서서 주께 여짜오되 주여 보시옵소서 내 소유의 절반을 가난한 자들에게 주겠사오며 만일 누구의 것을 속여 빼앗은 일이 있으면 네 갑절이나 갚겠나이다(눅 15:8).

누구도 삭개오의 집에 어떤 일이 벌어졌는지 알 길이 없다. 하지만 우리는 안다. 길이요, 진리요, 생명이신 예수님으로 복음을 들었고, 그 복음이 돌무화과나무에 숨어들고 자기 세계에 고립되어 있던 삭개오를 이웃 앞으로 끌고 나온 것이다. 그렇게 그는 주님과의 만남으로 그간 이웃과 자신 사이에 있던 '막힌 담'을 허물었다. 허물어진 그 틈으로 그의 삶을 지탱해 온 재물이 쏟아져 나오기 시작했다. 가난한 자들에게 소유의 절반을 나눠 주겠다고, 또한 지난날의 과오를 반성하며 피해 입힌 자들에게 네 갑절이나 갚겠다고 말하며 최고의 배상을 약속한다. 이전에는 재물 때문에 사람을 버렸는데, 이제는 사람을 위해 재물을 버리기 시작한다.

삭개오가 예수님 앞에서 이 다짐을 하는 모습을 상상해 보자.

울며 겨자 먹기로 했을까? 잠시 흥분해서 저지른 실언이었을까? 아닐 것이다. 그는 예수님을 만났을 때 그 즐거움으로 구주이신 주님에게 확약했다. "주여 보시옵소서!"라고 자신의 변화되고 회복된 인생을, 진정으로 충만해진 영혼을 예수님에게 들이대면서 신나 있었다.

하나님 안에서 이웃과 더불어 살 때 내 인생은 배부르고 충만해진다. 그러니 당연히 신나고 즐거워진다. 하나님은 우리 자신을 사랑하라 하지 않으셨다. 하나님을 사랑하고 이웃을 사랑하라고 하셨다. 이것은 우리 삶에 행복을 주는 참 계명이다.

하나님과 이웃이 주는 배부름

우리의 육신이나 영혼은 늘 허기에 시달린다. 그것이 우리의 숙명이다. 그런데 그 배고픔이 좀처럼 익숙해지지 않는다. 항상 싫고 귀찮고 힘겹다. 그런데 이러한 인생을 편하게 만들어 주는 수단은 누가 뭐라 해도 '돈'이다. 그래서 로또 1등 당첨과 건물주가 된다는 것은 상상만으로도 즐겁다. 내가 당장 수십억, 수백억 자산가가 돼서 지금 다니고 있는 회사에 사직서를 던질 수 있다고 상상해 보라. 나도 모르게 입꼬리가 올라갈 것이다.

그런데 이러한 우리의 헛된 공상을 삭개오가 산산조각 낸다. 혹여나 로또 1등과 건물주라는 꿈이 실현되어도, 내 인생을 채우는 충만한 배부름은 찾아오지 않을 것이라고. 예수님은 이것을 누구보다 잘 아셨기에, 돌무화과나무에 있는 삭개오를 불쌍하게 여기셨다. 그리고 예수님에게로, 이웃에게로 나오게 하셨다. 그 부름과 초청으로 삭개오는 즐거운 인생을 살게 되었다.

삭개오도 분명 자신의 삶이 괜찮다고 착각한 시절이 있었을 것이다. 주변에 진정한 친구 하나 없어도, 비난과 욕을 밥 먹듯이 먹어도, 그는 개의치 않았다. 집에 돌아와 쌓인 재물을 보며, 풍성한 식탁을 보며, 외로움을 달래고 스스로를 승자라고 여겼을 것이다. 하지만 그것은 오래가지 못했다. 결국 예수님에게 뛰쳐나왔다. 구주이신 주님과 이웃을 만났다. 하나님과의 올바른 관계 속에서 이웃을 바라보았고, 이웃을 등진 인생에서 이웃을 위한 삶으로 변화되었다. 그리고 세리로 살 때는 보이지 않던 즐거움과 충만함이 그에게서 보이기 시작했다.

지금 우리는 무엇으로 만족하고 위안을 삼고 있는가? 혹시 내 계좌에 쌓여 가는 돈을 보며 히죽히죽 웃고 있지 않은가? 그래서 내 삶은 안전하고 괜찮다고, 그릇된 위안과 착각을 머금고 있지는 않은가? 아니면 궁핍한 잔고에 실망하며, 이를 역전하고자 '부자 되는 법'을 검색하고, 그런 인물과 인생에 몰두하며 살고 있지 않은가?

세상과 다름없이 물질로 내 삶과 영혼을 배불리고자 한다면, 우리도 삭개오처럼 머지않아 공허함을 경험할 수밖에 없을 것이다.

우리는 돈으로 채울 수 없는 존재라는 사실을 인정해야 한다. 그리고 삭개오가 그랬듯, 예수님에게로 뛰쳐나와야 하고, 구주이신 예수님 안에서 이웃을 만나야 한다. 그러면 돈의 많고 적음에 상관없이 넉넉하고 꽉 찬 삶을 누릴 수 있다.

너와 나의 플렉스 점검하기

| 질문에 답하며 자신을 돌아보고, 진정한 플렉스를 위한 다짐을 나누어 봅시다. |

1. 세상과 인간이 가장 욕망하는 것은 '돈'이지만, 돈으로만 인생을 채우면 중요한 관계가 파괴됩니다. 이 '중요한 관계'는 어떤 관계입니까? 또한 돈 때문에 신앙적으로 넘어지거나 실패한 경험이 있다면 나누어 봅시다.

2. 삭개오는 세리장으로 동족에게 거센 증오와 비판을 받으면서까지 돈을 선택했던 자입니다. 그랬던 그가 왜 예수님을 찾아갔을까요?

3. 예수님을 만난 삭개오는 새로운 관계로 삶을 채우기 시작합니다. 삭개오에게 축복으로 주어진 관계는 무엇입니까?

4. 복음은 하나님과 이웃과 관계 맺도록 우리를 초청하며, 하나님과 이웃으로 충만한 삶을 살게 합니다. 지금 여러분은 무엇으로 인생과 영혼을 배불리려 하고 있습니까? 여러분을 하나님과 이웃에게 다가가지 못하도록 막는 것은 무엇입니까?

Ch. 14

오늘도,
내일도,

실패해도
괜찮아

[54] 예수를 잡아 끌고 대제사장의 집으로 들어갈새 베드로가 멀찍이 따라 가니라 [55] 사람들이 뜰 가운데 불을 피우고 함께 앉았는지라 베드로도 그 가운데 앉았더니 [56] 한 여종이 베드로의 불빛을 향하여 앉은 것을 보고 주목하여 이르되 이 사람도 그와 함께 있었느니라 하니 [57] 베드로가 부인하여 이르되 이 여자여 내가 그를 알지 못하노라 하더라 [58] 조금 후에 다른 사람이 보고 이르되 너도 그 도당이라 하거늘 베드로가 이르되 이 사람아 나는 아니로라 하더라 [59] 한 시간쯤 있다가 또 한 사람이 장담하여 이르되 이는 갈릴리 사람이니 참으로 그와 함께 있었느니라 [60] 베드로가 이르되 이 사람아 나는 네가 하는 말을 알지 못하노라고 아직 말하고 있을 때에 닭이 곧 울더라 [61] 주께서 돌이켜 베드로를 보시니 베드로가 주의 말씀 곧 오늘 닭 울기 전에 네가 세 번 나를 부인하리라 하심이 생각나서 [62] 밖에 나가서 심히 통곡하니라

_눅 22:54-62

우리는 실패한다, 고로 존재한다

나는 고교 시절, 관악반 활동을 했다. 어릴 적부터 음악을 좋아해서 피아노를 배웠지만, 가정 형편상 계속 배우지 못했다. 아무래도 음악을 계속 배우려면, 돈이 많이 드니 미련 없이 마음을 접었다. 아쉬움이 없지는 않았다. 마음이 헛헛했고, 그런 마음을 조금이라도 달래 보고자 관악반에 들어간 것이다. 악기를 공짜로 주었고, 선배들이 연주법도 가르쳐 주었다. 정기적으로 무대에서 공연도 했으니, 나에게는 더할 나위 없이 좋은 동아리였다.

나는 클라리넷을 맡았고, 곧잘 했다. 음악을 좋아하니 재미도 열정도 있었다. 예전에 피아노를 배워서인지, 악기는 달랐지만 배우는 속도가 빨랐다. 그러다 실력이 뛰어난 정예 학생으로만 구성된 앙상블 팀에도 뽑혔다. 매우 뿌듯했다. 나는 그렇게 못 다 이룬 꿈을 작게나마 실현하며 지냈다.

앙상블 팀은 외부로 공연도 다녔다. 한번은 대형 교회에서 공연하게 되었는데, 콘서트홀까지 갖춘 아주 크고 멋진 교회였다. 중저음이 강점이었던 나는 클라리넷 세컨드 파트를 담당했다. 열심히 연습한 뒤, 무대 위로 올라갔고 합을 맞추어 멋진 곡을 연주하기 시작했다. 그런데 쫄딱 망하고 말았다. 정예 학생만 모여 있는 팀이 왜 망했을까? 내가 처음부터 끝까지 삑사리(음이탈)를 난발했기 때문이다. 클라리넷 마우스피스에 얇은 떨림판인 리드(reed)를 삐뚤어지게 끼운 것이 화근이었다. 홀에서 멋지게 연주하고 싶은 꿈이 처참히 무너졌다. 나뿐 아니라 앙상블 팀까지 덩달아 실패했다. 그날 나는 종일 울었다. 지휘자 선생님, 친구와 선배가 위로해 주어도 눈물이 멈추지 않았다.

우리 과거는 숱한 실패로 점철되어 있다. 가장 연약한 모습으로 탄생하여 학습하며 성장해야만 하는 인간에게 실패는 필연이다. 아이가 넘어지며 걸음마를 익히고 결국엔 뛰어다니듯, 우리는 실패라는 터 위에 꽃을 피우고 열매를 맺으며 살아간다.

실패를 피할 수 없는 것이 우리 인생이지만, 그 실패를 마주하는 일은 언제나 고되다. 왜 그럴까? 우선은 실패에 거부감이 있기 때문이다. 완벽하고 싶지 않은 사람이 있을까? 사람은 늘 완벽, 완전, 영원을 추구하고 갈구한다. 완벽해 보이는 사람을 동경하는 것도 이 때문이다. 그래서 나의 불완전함이 드러나는 쓰디쓴 실수가 달가울 리 없다. 애써 외면하고 부정하고 싶어진다. 더군다나 세상도 실패한 우리를 곱게 보지 않는다. 낙오자로 여기며 거리 두기도 한다. 사람들이 실패를 부정적으로 인식하게 된 건 세상도 한몫한 셈이다.

하나님의 사람이라고 다를까? 완전하신 하나님의 도움을 입고 살았던 이들도 실패 없는 삶을 살지는 못했다. 실패 없이 보였다면 기록되지 않았을 뿐이다. 아담의 실패를 시작으로 모든 인물의 삶을 추적하다 보면 다양한 실패를 발견할 수 있다. 자신의 부족함으로, 세상의 악함으로, 그들의 삶도 완벽할 수 없었다.

예수님의 수제자였던 베드로도 실패를 피할 수 없었다. 그는 예수님의 곁을 든든하게 호위하며, 죽기까지 함께하겠다고 선전 포고했던 자다. 그랬던 그가 기독교 역사에 길이 남을 실패를 보여주고 말았다.

수제자의 실패

베드로는 누가 뭐래도 예수님의 수제자였다. 굵직한 표적과 기적의 현장에 반드시 그가 있었다. 예수님이 영광스럽게 변화한 모습도 직접 목격했다. 베드로는 명언 같은 아름다운 고백도 많이 남겼다. 예수님이 "너희는 나를 누구라 하느냐"(마 16:15)라고 물으시는 질문에 베드로는 "주는 그리스도시요 살아 계신 하나님의 아들이시니이다"(마 16:16)라고 고백했다. 그뿐만이 아니다. 베드로에게 믿음이 떨어지지 않기를 바란다는 주님의 말씀에는 "주와 함께 옥에도, 죽는 데에도 가기를 각오하였나이다"(눅 22:33)라는 말로 당찬 포부를 내비쳤다. 그렇기에 그는 자칭, 타칭 예수님의 애제자로, 수제자로 불렸다. 누구도 여기에 이견이 있을 수 없었다. 그런데 그런 베드로가 실패하고 말았다. 그토록 사랑하고 충성하며 따랐던 예수님을 모른다고 부인한 것이다.

먼저 예수님의 제자였던 가룟 유다가 예수님을 배반한다. 대제사장들과 성전의 경비 대장들에게 돈을 받고 예수님을 판 것이다. 그 탓에 예수님은 무리에게 끌려갔고 대제사장의 집으로 들어가게 된다. 예수님을 신성 모독자로 몰아세우며 호시탐탐 기회를 노리던 유대인들은 예수님을 즉각 처벌할 수 있는 국면을 만들었다.

이렇게 제자의 배반으로 끌려간 예수님을 베드로는 지켜보았다. 애제자, 수제자였던 베드로, 예수님을 위해 옥에도, 죽는 데에도 갈 수 있다고 말한 베드로는 어떻게 행동했을까? 웬일인지 수상한 행동을 하기 시작한다.

> 예수를 잡아 끌고 대제사장의 집으로 들어갈새 베드로가 멀찍이 따라가니라(눅 22:54).

베드로는 예수님을 '멀찍이' 따라갔다. 늘 예수님의 곁에 달라붙어 있던 그가 예수님과 거리 두기를 했다. 몸의 거리는 곧 마음의 거리다. 마음이 멀어지면 먼저 몸이 멀어지게 된다. 베드로는 예수님이 힘없이 끌려가시는 모습을 보면서 위험을 감지했을 것이다. 그리고 예수님을 향한 불타는 마음보다 내 생명을 지켜야겠다는 의지가 타오르기 시작했을 수도 있다. 그렇게 베드로의 마음과 몸은 예수님과 멀어지기 시작했고, 머지않아 그의 진심이 탄로 난다.

> 사람들이 뜰 가운데 불을 피우고 함께 앉았는지라 베드로도 그 가운데 앉았더니(눅 22:55).

상황은 이랬다. 멀찍이 가던 베드로가 사람들과 함께 뜰 가운데 불을 피우고 앉았다. 예수님을 잡아간 사람들을 찾아가 멱살을 잡다가 함께 체포되어도 모자랄 판에 말이다. 모진 모욕을 당하고 있는 예수님을 멀리 두고, 그는 따뜻하게 불이나 쬐며 앉아 있었다.

복음서가 지속적으로 무리와 제자를 구분하며 서사를 전개한 것에 비추어 보면, 베드로의 지금 모습은 무리와 다름없었다. 제자 베드로가 아니라 그저 불 앞에서 몸을 녹이던 무리 중 한 명에 불과했다. 방금 자신이 따르던 주님이 끌려가셨는데 군중 속에, 타오르는 불길 곁에 몸을 숨기기에 바빴다. 그렇게 그는 조마조마하며 앉아 있었다. 그런데 한 여종이 베드로를 이상하게 쳐다보았다.

> 한 여종이 베드로의 불빛을 향하여 앉은 것을 보고 주목하여 이르되 이 사람도 그와 함께 있었느니라 하니(눅 22:56).

상대는 여종이었다. 베드로는 성깔도 있고 나름 제자로서의 위치도 있었다. 그런데도 얼마나 떨었는지 그 여종 하나를 제압하지 못한 채 이렇게 말한다.

> 베드로가 부인하여 이르되 이 여자여 내가 그를 알지 못하노라 하더라(눅 22:57).

베드로는 예수님을 알지 못한다고 부인해 버린다. 감옥은커녕, 죽음은커녕, 아무 힘 없어 보이는 여종도 꺾지 못했다. 베드로의 부인은 여기서 그치지 않는다. 그는 두 번이나 더 예수님을 부인한다. 세 번은 반박할 수 없는 진심이다. 그래서 예수님을 모른다고 부인한 그의 마음도 진심이었다. 그에게서는 더 이상 제자의 품위를 찾아볼 수 없었다.

늘 패기와 자신감으로 충만했던 그가, 그렇게 넘어졌다. 예수님과의 약속을 지키는 대신 자기 생명만 겨우 지켰다. 예수님과 함께 죽기를 각오한 그였다. 베드로의 이런 다짐은 평소에는 진심이었으나 위험이 다가오자 거짓임이 탄로 났다. 그러다 시간이 지나고, 닭이 울었다. 닭의 울음이 우레처럼 느껴졌을 베드로는 이제야 예수님의 말씀이 떠올랐다.

> 베드로야 내가 네게 말하노니 오늘 닭 울기 전에 네가 세 번 나를 모른다고 부인하리라(눅 22:34).

베드로는 밖에 나가서 심히 통곡하기 시작했다. 가슴을 치면서, 머리를 쥐어뜯으면서, 혹은 머리를 바닥에 내리치면서 통곡했을 것이다. "나는 실패자다"라는 거친 자기 비하, 자기 혐오와 함께.

사랑, 보호, 회복의 시선

수제자, 애제자라는 칭호는 이제 그에게 어울리지 않았다. 실패자, 낙오자였고, 정확히 말해 배반자였다. 수년간 예수님과 함께하며 그분의 숨결을 가장 가까이에서 느꼈을 그인데, 그분의 사랑을 깊이 누렸을 그인데 배반하고 말았다. 예수님과 함께한 모든 것을 부정하고 부인했다.

그리고 이제 그에게는 역사에 길이 남을 변절자로 낙인찍혀 비판당하고 버림받을 일만 남았다. 사람들은 주목받던 제자 베드로에게 많은 기대를 했을 것이다. 그런 만큼 그의 실패는 큰 실망으로 다가왔을 것이고, 이러한 실망의 크기는 비판의 강도와 비례하니 베드로라는 한 사람의 인생이 견디기에는 버거웠을 것이다. 그렇게 베드로는 자신이 예수님을 떠났듯, 많은 사람에게 외면과 버림, 비판당할 일만 남은 듯 보였다. 그런데 예수님은 베드로를 향해 다시 한 번 손을 내미신다.

주께서 돌이켜 베드로를 보시니(눅 22:61).

우연히 시선을 돌리신 것이 아니다. 예수님은 수모를 겪는 그 순간에도 의지를 갖고 베드로를 향해 시선을 보내셨다. 그 시선은 성난 질책도, 실망의 탄식도 아니었다. 만약 그랬다면 꼴도 보기 싫어 일부러 눈도 마주치지 않으셨을 것이다. 분명히 예수님은 당찼던 제자 베드로가 볼품없는 모습으로 추락하자, 애잔한 마음으로 바라보신 것이다. 그래서 사랑한다는 말 대신, 베드로를 보시면서, '너는 나를 부인해도, 너를 향한 나의 사랑은 거두지 않으리라'는 말씀을 전하신 것이 아닐까 싶다.

또한 베드로를 향한 예수님의 시선은, 예수님의 보호하심이었다. 스펄전은 예수님이 그동안 말씀으로 부르신 것과 달리, 손 내밀어 물에서 건져 내주신 것과 달리, 눈길로만 잠잠히 베드로를 바라보신 것은 예수님의 지혜로운 사랑의 표현이라 해석한다. 만약 예수님이 이전과 같이 적극적으로 베드로를 지키고자 했다면 오히려 베드로는 그 자리에서 몰매를 맞고 예수님이 당하신 것과 같은 험한 일을 당했을 것이다. 예수님은 배반당하는 순간에도 베드로를 사랑하셔서, 시선으로 보호하신 것이다.

그렇게 베드로를 향한 예수님의 사랑과 보호의 시선은, 베드로를 실패에서 회복으로 이끌기 시작한다. 아이작 암브로스(Isaac Ambrose)는 「예수를 바라보라」 1(부흥과개혁사)에서 "닭이 곧 설교자이고, 예수님의 시선은 그 설교가 열매 맺게 하는 은혜였다"고 말한다. 닭이 울자 베드로는 예수님의 시선에 담긴 은혜와 사랑으로, 예수님을 부인한 자신의 모습을 발견하고, 심히 통곡한다. 가슴을 부여잡으며, 옷을 찢어 가며 울었을 것이다. 초상난 사람처럼 주체할 수 없었을 것이다. 목숨을 건져서 안도하며 가벼운 발걸음으로 떠날 수도 있었다. 하지만 그는 그러지 못했다. 예수님의 시선은 그의 실패를 직시하게 했고, 실패한 자신을 신실하게 사랑하시는 예수님을 다시 만나도록 했다.

베드로는 그 순간부터 실패 이전의 삶을 오히려 뛰어넘기 시작한다. 그동안 자기만의 열심과 충성, 능력에 의지했다면, 이제는 주님의 은혜 안에서 성숙을 이루며 참된 제자로 빚어지고 있었다. 베드로는 모든 것이 끝났다고 생각했지만, 진정한 제자의 삶은 그때부터였을지도 모른다. 착각하고 자만했던 지난날의 모습이 아니라 눈물을 쏟으며 자신의 민낯을 마주할 수 있었다. 그리고 끝까지 그를 바라보시던 예수님의 사랑을 온몸으로 느낄 수 있었다. 그 실패가, 그 눈물이 그의 삶을 완전히 바꾸어 놓았다.

이렇게 예수님은 붙잡히신 순간에도 시선으로 베드로를 향해 사랑을 표하셨다. 그 지혜로운 사랑으로 베드로를 보호하셨다. 베드로가 실패를 깨닫게 하여 통곡하게 하셨고, 그 실패의 자리에서 주님의 사랑으로 다시 시작하도록 하셨다.

모든 순간이 결정적 순간이다

사실 예수님은 베드로의 실패를 이미 아셨다. 알고도 사랑하셨다. 아셨기에 여전히 사랑하셨고, 끝까지 그를 바라보시며 외면하지 않으셨다.

복음은 '완전주의'를 지향하지 않는다. 실패가 필연인 인간의 실존을 직시하게 하고, 하나님의 은혜를 갈망하도록 한다. 그런데 우리는 왜 실패에 낙담할까? 완벽할 수 있다는 환상이 있어서가 아닐까? 나의 실패를 이미 확신한다면 담담할 수 있다. 그리고 하나님이 그 실패도 품으시고, 그 실패로 새로운 회복을 주신다는 확신이 있다면 오히려 기대하고 즐기며 다시 일어설 수 있다. 이런 태도라면 실패 앞에 지나친 비관도, 과도한 긍정도 아닌 건강한 삶과 신앙이 가능하다.

앙리 카르티에 브레송(Henri Cartier Bresson)은 '결정적 순간을 포착'하는 사진작가다. 정신 분석 전문의 김혜남 작가는 「만일 내가 인생을 다시 산다면」(메이븐)에서 그의 말을 인용한 후 이러한 자전적인 고백을 한다.

> 나는 완벽한 때를 기다리지 않는다. 내 삶에는 늘 빈 구석이 많았고, 그 빈 구석을 채우는 재미로 살아왔고, 앞으로도 그럴 테니까. 나는 가고 싶은 길을 갈 것이다. 준비가 좀 덜 되어 있으

면 어떤가. 가면서 채우면 되고 그 모든 순간이 결정적 순간인 것을.

실패자를 여전히 사랑하시고 보호하시는, 그리고 그 실패를 딛고 도약과 회복을 꿈꾸게 하시는 주님을 바라본다면, 우리 인생은 어느 순간도 실패라 할 수 없다. 모두 '결정적 순간'일 뿐이다.

베드로를 끝까지 바라보신 예수님은, 시선으로 약속하신 대로 베드로를 직접 찾아가셨다. 부활의 주님을 이미 만났음에도 제자의 모습이라곤 전혀 찾아볼 수 없는 평범하고, 쓸쓸한 이전의 삶으로 돌아간 베드로였다. 그런 베드로에게 물으신 것은 딱 하나였다. "네가 나를 사랑하느냐?" 예수님의 이 질문에 베드로는 이렇게 대답했다. "내가 주님을 사랑하는 줄 주님께서 아시나이다"(요 21:17).

예수님은 이 사랑을 확인하시면서 오히려 당신이 지금도 베드로를 여전히 사랑하고 있다는 사실을 알려 주신다. 사랑해야 사랑을 묻는 법이다. 그렇게 당신의 사랑을 확인시키시고, 제자의 사랑 고백을 들으신 후, 베드로가 그토록 갖고 싶어 하던 제자의 사명을 안겨 주신다. 결국 그는 이전에 주님에게 약속했던 주와 함께 옥에도, 죽는 데에도 가는 삶을 살게 된다.

완벽해지고 싶지만 완벽할 수 없는 우리 인생에 좌절할 수 있다. 하지만 절망할 필요는 없다. 모든 것을 잃어 모두가 나를 버려도, 예수님은 끝까지 나에게 사랑과 보호의 시선을 베푸시기 때문이다. 그래서 누가 뭐라 해도 우리의 실패는 실패로 끝나지 않는다. 끝날 때까지 끝난 것이 아니다. 하나님은 그 실패로 우리에게 또 다른 확신과 기대, 미래를 허락하신다. 그래서 스펄전은 실패했지만 하나님 나라에 성공적으로 쓰임받은 베드로를 보여 주며, 베드로같이 어제도, 오늘도, 내일도 실패하고 또 실패할 우리에게 희망의 메시지를 던진다.

> 오순절에 사람들 앞에 서서 말씀을 전한 사람이 누구였습니까? 바로 베드로이지 않았습니까? 그는 항상 맨 앞자리에 서서 자기 주님이요 선생님인 그분을 증언하지 않았습니까? 우리 가운데 누구라도 넘어져 주춤거렸다 해도, 특별히 우리가 죄악 가운데 방황했다 해도, 우리는 주님으로 인해 이렇게 복될 수 있으며, 이후로는 더욱 훌륭한 그리스도인이 될 수 있다고 저는 믿습니다.

실패하고 실수해도 괜찮다. 이는 지극히 정상이다. 실패를 두려워하지 말라. 실패했다고 자책도, 자해도 하지 말라. 고개 숙이지도, 울지도 말라. 실패한 자신이 싫고, 그런 나를 세상이 외면해도 주눅 들지 말라. 예수님은 여전히 우리를 바라보고 계신다. 우리를 끝까지 포기하지 않으시는 주님이 그 실패를 성숙의 시간으로 사용하실 것이다. 그래서 그 사랑의 시선으로 우리 삶에 실패를 뛰어

넘는 탐스러운 열매를 맺게 하신다. 우리는 먼 훗날 이렇게 경탄할 것이다. 실패한 그 순간이 내 생애 가장 '결정적인 순간'이었다고.

너와 나의 플렉스 점검하기

| 질문에 답하며 자신을 돌아보고, 진정한 플렉스를 위한 다짐을 나누어 봅시다. |

1. 여러분이 지금까지 살아오면서 경험한 가장 큰 실패는 무엇입니까? 그때의 심정은 어떠했습니까?

2. 베드로는 예수님의 애제자이자 수제자였습니다. 그런 그가 어떤 실패를 겪게 됩니까? 실패를 자각한 베드로는 어떤 마음이었을까요?

3. 수치스러운 실패를 겪은 베드로를 다시 일으킨 것은 예수님의 시선이었습니다. 예수님의 시선이 의미한 바는 무엇입니까?

4. 예수님을 믿어도 실패를 피할 수 없습니다. 앞으로 겪게 될 실패를 어떻게 바라보며 실패 속에서 무엇을 구해야 할지 나누어 봅시다.

Ch. 15

나랑 같이

걷지 않겠니?

[13] 그날에 그들 중 둘이 예루살렘에서 이십오 리 되는 엠마오라 하는 마을로 가면서 [14] 이 모든 된 일을 서로 이야기하더라 [15] 그들이 서로 이야기하며 문의할 때에 예수께서 가까이 이르러 그들과 동행하시나 [16] 그들의 눈이 가리어져서 그인 줄 알아보지 못하거늘 [17] 예수께서 이르시되 너희가 길 가면서 서로 주고받고 하는 이야기가 무엇이냐 하시니 두 사람이 슬픈 빛을 띠고 머물러 서더라 [18] 그 한 사람인 글로바라 하는 자가 대답하여 이르되 당신이 예루살렘에 체류하면서도 요즘 거기서 된 일을 혼자만 알지 못하느냐 [19] 이르시되 무슨 일이냐 이르되 나사렛 예수의 일이니 그는 하나님과 모든 백성 앞에서 말과 일에 능하신 선지자이거늘 [20] 우리 대제사장들과 관리들이 사형 판결에 넘겨 주어 십자가에 못 박았느니라 [21] 우리는 이 사람이 이스라엘을 속량할 자라고 바랐노라 이뿐 아니라 이 일이 일어난 지가 사흘째요 [22] 또한 우리 중에 어떤 여자들이 우리로 놀라게 하였으니 이는 그들이 새벽에 무덤에 갔다가 [23] 그의 시체는 보지 못하고 와서 그가 살아나셨다 하는 천사들의 나타남을 보았다 함이라 [24] 또 우리와 함께한 자 중에 두어 사람이 무덤에 가 과연 여자들이 말한 바와 같음을 보았으나 예수는 보지 못하였느니라 하거늘 [25] 이르시되 미련하고 선지자들이 말한 모든 것을 마음에 더디 믿는 자들이여 [26] 그리스도가 이런 고난을 받고 자기의 영광에 들어가야 할 것이 아니냐 하시고 [27] 이에 모세와 모든 선지자의 글로 시작하여 모든 성경에 쓴 바 자기에 관한 것을 자세히 설명하시니라 [28] 그들이 가는 마을에 가까이 가매 예수는 더 가려 하는 것같이 하시니 [29] 그들이 강권하여 이르되 우리와 함께 유하사이다 때가 저물어 가고 날이 이미 기울었나이다 하니 이에 그들과 함께 유하러 들어가시니라 [30] 그들과 함께 음식 잡수실 때에 떡을 가지사 축사하시고 떼어 그들에게 주시니 [31] 그들의 눈이 밝아져 그인 줄 알아보더니 예수는 그들에게 보이지 아니하시는지라 [32] 그들이 서로 말하되 길에서 우리에게 말씀하시고 우리에게 성경을 풀어 주실 때에 우리 속에서 마음이 뜨겁지 아니하더냐 하고

_눅 24:13-32

동행, 멀고도 낯선 단어

사내 다섯이 팀을 이루어 눈 덮인 비탈길을 오른다. 로프를 잡고 올라가는 이들은 가파르고 미끄러운 비탈을 넘으며 숨이 턱까지 차오르기 시작한다. 팀원 한 명이 비탈 중턱에 매달린 채 더 이상 올라가지 못한다. 무거운 체중 탓이었다. 그렇게 그는 등반용 후크 하나에 몸을 맡긴 채 오도 가도 못하고 있었다. 이 모습을 발견한 리더가 괜찮은지 상태를 묻지만, 대답조차 하지 못한다. 리더는 그에게 매달려만 있으라는 당부와 함께 출발 지점으로 다시 미끄러져 내려간다. 아이젠을 착용한 후 다시 올라가 매달린 팀원을 끌고 갈 작정이었다. 힘겹게 겨우 올라왔지만, 홀로 남겨진 동료를 가만히 볼 수는 없었다.

리더는 "조금만 버텨", "괜찮으니깐 포기만 하지 마"라는 외침과 함께 다시 비탈 중턱으로 달려간다. 본인도 지쳤을 텐데, 위험을 무릅 쓰고 뒤처진 팀원에게 다가갔고, 혼신의 힘을 다해 그를 끌고 정상을 향해 올라간다. 먼저 올라간 동료들은 줄을 잡아당기며 힘을 실어 준다. 그렇게 그들은 늦었지만, 모두가 정상에 오르며 미션을 성공한다. 성공의 비결은 재능도, 노력도, 장비도 아니었다. '함께'여서 가능했다.

이것은 오랫동안 사랑받았던 예능 프로그램 〈무한도전〉에 나온 한 에피소드다. 이 에피소드는 많은 사람에게 잔잔한 여운과 감동을 주었다. 그들이 오른 비탈은 히말라야나 에베레스트와 같은 험준한 산이 아니었다. 빠른 속도로 기록을 세우지도 못했다. 심지어 다큐멘터리가 아니라 웃고 떠드는 예능이었다. 각자 다른 속도에서 시작하다가 서로 끌어 주고 밀어 주며 함께 성공하는 과정이 눈물 어린 감동을 자아냈다. 특히 이 장면에 덧입힌 가수 이적의 노래 〈같이 걸을까〉는 그때 우리가 울컥하며 느낀 감정의 이유를 알려 주었다.

> 높은 산을 오르고 거친 강을 건너고 깊은 골짜기를 넘어서
> 생애 끝자락이 닿을 곳으로 오늘도 길을 잃은 때도 있었지.
> 쓰러진 적도 있었지.
> 그러던 때마다 서로 다가와 좁은 어깨라도 내주어
> 다시 무릎에 힘을 넣어
> 높은 산을 오르고 거친 강을 건너고 깊은 골짜기를 넘어서.

지금은 '같이'의 '가치'가 점점 퇴색되는, '우리'보다 '나'라는 말이 익숙한 시대다. '1인'이라는 말이 도처에 도배되어 있고, '혼밥', '혼술', '혼영'이 전혀 어색하지 않다. 비혼을 선언하면 박수를 받고, 졸혼은 존경까지 받는다.

그래도 우리는 함께이고 싶은, 연대하고 싶은 열망을 가진 인간이다. 그래서 한 예능 프로그램에서 그리 대단한 미션이 아님에도 함께하는 모습을 보며 눈물을 훔치는 것은 아닐까? 사람에게 치여

서 혼자이고 싶은 거지, 사실 누군가와 함께, 더불어 살고 싶은 것이 우리 본심이 아닐까?

사람은 혼자일 수 없다. 홀로 이 세상에 태어난 사람은 없기에 그렇다. 또한 사람은 혼자 살 수 없다. 사회를 이루고 그 안에서 연대하며 지금까지 버텨 왔고, 조금씩 진일보했다. 특출난 한 명을 기억하고 기록하는 것이 역사지만, 그렇다고 그 한 명이 모두 이룬 것은 결코 아니다. 언제나 우리는 함께였고, 함께여서 가능했다. 혼자이고 싶지만 끝내는 사무치는 쓸쓸함을 견디지 못하는 우리의 모순에도 다 이유가 있는 법이다.

그렇게 우리는 누군가와 함께이고 싶다. 곁에 한 사람만 있어도 든든하다. 어색하지도, 부끄럽지도, 심심하지도 않다. 높은 산, 거친 강, 깊은 골짜기와 같은 인생에서도 힘을 얻는다. 그러나 우리와 함께하는 모든 이는 사라진다. 여러 이유로 떠나기도 하지만 생애 끝자락에서는 헤어지는 것이 순리다. 지금 내가 사랑하는 모든 이, 내 옆을 든든히 지켜 주는 모든 이가 영원히 나와 함께할 수 없다는 뜻이다. 그런데 본문은 우리 곁을 떠나지 않으시는 한 분을 소개하며, 그분으로 우리 인생은 영원한 동행이 가능하다는 것을 알려 준다.

인생, 그 쓸쓸함과 적막함

예수님의 십자가 처형 후 예루살렘은 어수선했다. 예수님을 군주 삼아 해방을 얻고자 했던 모두의 열망이 수포가 되었으니 그럴 만도 하다. 죽음은 실패이자 패배를 상징한다. 난다 긴다 하는 사람도 죽음 후에는 그 무엇도 이룰 수 없다. 활동할 수도, 누릴 수도 없다. 무엇보다 죽음은 '끝'이다. 맺고 있던 모든 관계, 갖고 있던 모든 것과 단절되는 순간이다. 사람들이 죽음을 최대한 미루고 싶은 이유도 이 때문이다. 이리도 달갑지 않은, 절망과도 같은 죽음이 예수님에게 찾아온 것이다.

그리고 죽음의 위협이 이제는 예수님을 따르던 자들에게 엄습하기 시작했다. 예수님의 패배는 제자들의 패배로 번졌다. 예수님이 부활하신다는 말씀을 하셨지만, 그들은 그 뜻을 알지 못했고, 겁을 잔뜩 먹은 채 문을 닫고 숨어 지냈다. 자신이 할 수 있는 최고의 수단을 동원하여 생명을 지키고자 했다. 그렇게 해도 그들의 마음은 편치 않았다.

그런데 또 다른 혼란이 찾아왔다. 예수님이 장사된 돌무덤이 빈 무덤으로 발견된 것이다. 지금 우리야 부활을 알고, 믿기에 무덤덤하게 반응하지만, 당시에는 그럴 수 없었다. '빈 무덤'은 부활의 '증거'가 아닌 충격과 근심으로 다가왔다. 오히려 이 사건은 제자들에게 더 큰 상처와 상실을 안겨 주었다. 예수님의 시체라도 보면서 마음을 달래며, 못 다한 섬김을 드렸을 그들인데, 그마저도 불가능해졌다. 아마도 그들은 슬픔에서 헤어 나올 수 없었을 것이다. 엠마오로 가는 두 제자는 이러한 분위기 속에 있었다.

엠마오의 위치는 학자들마다 의견이 분분하여 정확히 알 수 없다. 본문이 제공하는 유일한 단서는 예루살렘에서 약 11킬로미터 정도 떨어졌다는 것이다. 그곳을 향해 글로바와 다른 한 명의 제자가 걷기 시작했다. 이들은 아마도 열두 제자에 속한 제자는 아니었으나 예수님을 따르던 자들이었을 것이다. 그들은 두런두런 이야기를 나누면서 걸어갔다. 대화 주제는 당연히 십자가 처형, 빈 무덤이었다. 강렬한 두 사건은 뇌리를 떠나지 않았을 것이다. 그래서 이를 공감하고 공유하는 이 둘은 대화로나마 속을 풀었을 것이다. 답은 없었다. 회복도 없었다. 상처와 상실의 굴레 속에서 적막함과 쓸쓸함만 느낄 뿐이었다. 그렇게 그들은 엠마오로 힘없이 터벅터벅 걸어갔다.

지금이라면 11킬로미터를 3시간이면 걷지 않을까 싶다. 푹신한 운동화를 신고 매끄러운 길을 걸으며, 틈틈이 편의점도 들러 가며 말이다. 그러나 그 당시 그들에게는 그리 쉬운 거리가 아니었을 것이다. 지금과 전혀 다른 환경에서 고된 몸과 마음을 이끌고, 거친 길을 걸었을 것이다.

“멀리 가려면 함께 가라”지만, 둘의 모습은 신통치 않았다. 분위기를 반전시켜 줄 능력이 그들에게는 없었다. 둘 중 한 명이라도 능력이나 지혜가 있다면 모를까 그저 예수님을 잃은 제자에 불과했다. 그런 그들의 적막한 여정에 놀라운 일이 벌어진다.

> 그들이 서로 이야기하며 문의할 때에 예수께서 가까이 이르러 그들과 동행하시나(눅 24:15).

그들의 동행에 한 분이 가까이 오시더니 어느새 합류하신다. 바로 그들이 그토록 사랑하던, 그리워하던 예수님이었다! 예수님이 부활하셔서 찾아오셨다. 빈 무덤으로 허탈과 근심에 빠져 있던 자들에게 예수님이 직접 찾아오신 것이다.

인생을 채우는 동행

군 복무 시절, 나는 체력이 별로 좋지 못했다. 예나 지금이나 땀 흘리고 움직이는 활동을 그다지 선호하지 않는다. 그래서 입대 전부터 구보나 행군을 걱정했다. 우려는 실제가 되었다. 구보하는 족족 낙오했다. 뛰고 싶을 때 뛰고, 걷고 싶을 때 걸었던 내가, 강제로 완주해야 하니 미칠 노릇이었다. 정신이 육체를 지배한다지만, 그것도 체력이 있을 때 통하는 법이었다. 제아무리 정신력이 있다 한들, 체력이 고갈된 육체를 움직일 수는 없었다.

구보와 행군에 관심도 욕심도 없었지만, 낙오의 수치는 피하고 싶었다. 다수 사이에서, 그것도 고립된 집단에서 눈에 띄게 뒤처지는 내 모습이 한심스러웠다. 야속하게도 구보는 매일 있었고, 행군도 빈번했다. 저녁마다 다음 날 아침 구보를 걱정했고, 예정된 구보 훈련이 다가오면 두려움이 밀려왔다.

그래도 모든 훈련이 불행하지는 않았다. 잊지 못할 행군도 있었다. 여느 때와 다름없이 뒤처지던 나에게, 같은 소대 부사관이 다가왔다. 다른 간부처럼 욕이라도 하려나 싶은 찰나였다. 그런데 웬걸, 내 군장을 들어 주는 게 아닌가. 간부였지만 하사여서 그도 이미 군장을 메고 있었다. 그렇게 그는 무거운 군장 두 개를 메고 행군했다. 죄송했지만, 내심 좋기도 했다. 간부가 도와주니 군장을 메고 있지 않다고 아무도 나를 나무랄 수 없었다. 든든했다. 함께 걸으며 나에게 이런저런 질문도 해주셔서 더욱 좋았다. 그간 홀로 뒤처져서 겪었던 수치나 외로움도 없었다. 내 곁에 있던 그분에게 지위와 육체의 힘이 있었기에 그 동행은 힘이 나고 재미도 있었다.

한 사람이 옆에만 있어도 인생은 살 만하다. 더욱이 그 한 사람이 나보다 뛰어나고 탁월한 힘이 있는 존재라면 그 동행은 신이 난다. 여기 엠마오로 가는 두 제자가 그랬다. 그들의 쓸쓸한 동행에 예수님이 합류하셨다.

물론 처음에 그들은 눈이 가려져 예수님을 알아보지 못했다. 하나님의 섭리인지, 그들의 슬픔 때문인지 이유는 알 수 없으나 사무

치게 그리워하던 예수님을 예루살렘의 체류자 정도로 생각했다. 그래서 둘의 대화 주제를 묻는 예수님에게 슬픈 안색을 지어 보이며, 왜 예루살렘에서 일어난 큰 사건을 알지 못하는지 의아해하지만, 이내 그들은 예수님에게 그간의 상황과 허탈한 심정을 잔뜩 늘어놓는다. 예수님을 향한 기대, 예수님으로 얻을 유익들을 추억했고, 예수님의 시체가 사라진 현실을 한탄했다.

예수님은 분명 십자가 죽음 후 사흘 만에 부활하실 것을 예고하셨다. 예수님은 대속물로 죽기 위해 오셨고, 그 죽음으로 죽음을 이기시고 그 승리로 "환난을 당하나 담대하라"(요 16:33)고 말씀하셨다. 그러나 그들은 그 가르침을 잊었는지 낙심에 빠져 있었다.

예수님은 그들을 "미련하고 선지자들이 말한 모든 것을 마음에 더디 믿는 자들이여"(눅 24:25)라고 꾸짖으셨지만, 그들을 포기하지 않으셨다. 다시 한 번 발맞추며 동행해 주셨다. "그리스도가 이런 고난을 받고 자기의 영광에 들어가야 할 것"과(눅 24:26), "성경에 쓴 바 자기에 관한 것을 자세히 설명"해 주시면서(눅 24:27), 예수님의 죽음과 부활, 즉 예수님에 관한 진리를 차근차근 자세히 알려 주셨다. 또한 날이 저물었을 때는 그들과 함께 음식 잡수시면서 다정하게 떡을 떼어 주셨다(눅 24:30). 부활의 주님은 떡이 필요 없는 분이다. 하지만 두 제자는 여전히 떡이 필요한 존재여서 그들을 위해 친히 떡을 떼어 주신 것이다. 예수님은 부활하신 후에도 친밀하게 그들과 함께하셨다. 그리고 이러한 교제와 만남으로 그들의 영혼과 육신을 먹이시면서 걸음에 힘을 실어 주셨다.

제자들은 한결같이 무지했으나, 예수님은 한결같이 그들 곁을 지켜 주셨다. 말씀을 가르치시면서, 그들을 먹이시면서, 교제하시면서 동행해 주셨다. 부활한 이후에도 변함없는 모습을 보여 주셨다. 하늘 보좌를 버리시고 천한 사람의 모습으로 오신 예수님이 영광스럽게 부활하신 모습으로도 동일한 사랑을 베푸셨고, 불안과 낙심에 시달리는 그들의 곁을 지켜 주셨다.

그들은 예수님과의 따뜻한 교제, 친밀한 동행, 이런 순간들이 지나간 후에야 눈이 밝아져 그분인 줄 알아보았다. 비로소 예수님이 부활하셨고, 그 부활하신 예수님이 우리와 동행하셨다는 사실을 깨닫는다. 그러고 나서 예수님이 말씀을 풀어 주실 때 느꼈던 마음을 터놓는다. 그제야 마음의 상태가 변한 이유를 알 것 같았다.

> 그들이 서로 말하되 길에서 우리에게 말씀하시고 우리에게 성경을 풀어 주실 때에 우리 속에서 마음이 뜨겁지 아니하더냐 하고(눅 24:32).

그 둘은 예수님의 말씀을 들을 때 마음이 뜨거워진 신비로운 경험을 한 것이다. 얼마만에 느껴 본 온기였을까. 예수님과의 동행으로, 그분이 주시는 말씀으로 예수님의 죽음 때문에 싸늘해졌던 그들의 영혼이 활활 타오르기 시작한 것이다. 그들은 삶의 의지와 희망을 얻고 패배자의 허물에서 조금씩 탈피하게 되었을 것이다.

부활이 없다면 예수님은 패배자로 끝난다. 부활하신 예수님이 없다면 지금 우리에게 구원도 없다. 우리는 여전히 사람과 더불어 사는 정도로 만족했을 것이다. 나보다 힘 있는 사람, 그러나 언젠가는 헤어지고 사라질 사람과 발맞추며 때로는 기생하고 빌어먹으며 살았을 것이다. 이제는 아니다. 예수님의 부활로 승리가 확정되었고, 승리자로 온 우주를 다스리시는 예수님이 우리 삶에 오셔서 지금 우리와 동행하신다. 우리와 끊임없이 교제하시며 차디찬 우리 삶과 영혼에 따뜻한 온기를 불어넣어 주신다. 엠마오로 향하는 두 제자처럼 말이다. 그 동행으로 우리는 인생길을 바라보는 태도와 시각이 바뀐다.

팀 켈러(Timothy Keller)는 「부활을 입다」(두란노)에서 “희망의 대상이 인간과 우리 자신일 경우에는 그 희망은 늘 상대적이고 불확실하다”고, 반대로 “희망의 대상이 인간이 아니라 하나님이면, 그 희망은 확신과 실상과 충분한 증거를 의미한다”고 말한다. 그 이유는 이렇다. 사람에게는 그 희망이 이루어질 수도 있고, 이루어지지 않을 수도 있는 두 가능성이 공존한다. 반면에 하나님에게는 ‘확실한 희망’만이 있다. 하나님은 당신의 선하고 신실한 뜻을 ‘부활’로 확증해 주셨기 때문이다. 그래서 팀 켈러는 이렇게 말한다. “이 확신이 우리 안에 거하면 당장의 운명, 현 상황의 결과가 더는 우리를 괴롭힐 수 없다. 자신을 바라보면 저항하게 되지만 그분을 바라보면 희망이 솟는다."

옆을 보라. 우리를 영원히 웃게 하고 지켜 줄 사람이 있는가? 모두 우리 같은 '사람'에 불과하다. 그래서 사람에게 기대하면 실망을 겪는 것이 보통이다. 예수님을 보라. 그분은 부활하신 하나님이다. 우주의 통치자이시다. 우리는 그분을 바라보며, 그분과 동행함으로 매 순간 희망과 행복을 얻는다. 권능의 예수님과 함께하기에 우리는 절망에 시달리지 않는다.

어제나, 오늘이나, 영원히

엠마오로 가는 두 제자가 빈 무덤에 대해 논하며, 십자가 죽음이 끝이라는 상실감을 토로하고 있을 때, 예수님은 이미 그들 곁에 계셨다. 우리는 하나님이 어디에 계시는지, 언제 함께하시는지 늘 따져 묻는다. 그래서 "주여 나와 함께하소서!"라고 재차 호소한다. 단언컨대, 주님은 우리를 떠난 적이 단 한 번도 없으시다. "주여 나에게 도움을 베푸소서"라고 통곡하지만 주님의 도움은, 그분의 손은 우리 인생을 떠난 적이 단 한순간도 없다.

이스라엘 백성은 늘 따져 물었다. 홍해를 가르며 사람이 정복할 수 없는 바다도 가볍게 여기시는 하나님이 자신들에게 물 한 모금도 채워 주시지 못하리라 의심했다. 애굽을 몰살시킨 하나님이 이스라엘 백성 하나 먹이지 못하실 거라 의심했다. 하지만 그들의 의심은 언제나 무색했다. 하나님은 단 한 번도 그들을 떠나신 적이 없기 때문이다.

세상 종교와 기독교 복음 사이에는 가장 큰 차이가 있다. 세상 종교는 인간이 신을 찾아간다. 그리고 신이 감동할 만한 모습이 되기 위해 인간이 수련한다. 그래서 지극 정성의 치성(致誠)을 올린다. 하지만 기독교 복음은 임마누엘의 하나님, 즉 하나님이 우리에게 찾아오신다. 그리고 더디고 미련하고 죄악 덩어리인 우리를 끌어 안아 주시고 발맞추어 함께 걸어가신다. 우리는 이 사실을 '은혜'라고 고백할 수밖에 없다.

눈으로 뒤덮인 비탈길에서 언제 미끄러져 생이 끝날지 모르는 우리 삶에, 누군가 함께 있어 주면 우리는 그 삶을 지속할 힘을 얻는다. 우리 옆에 계실 그 누군가는 '예수님'이다. 그분은 우리의 무지함도, 우리의 더딤도, 우리의 공허함도 채워 주실 수 있는 완전하신 분이다. 그래서 그분과의 동행이 즐겁다. 그분과의 동행으로 인생이 살 만해진다. 그분과의 동행이라면 우리는 더 이상 수치스러운 패배자의 인생이 아니라 이미 승리한 존귀한 인생이 된다. 강인한 용기를 갖고 하나님의 선하심을 기대하는 인생이 된다.

히브리서 기자는 "예수 그리스도는 어제나 오늘이나 영원토록 동일하시니라"고 말한다(히 13:8). 그렇다. 부활의 주님은 멀리 계시지 않는다. 특별한 순간에만 다가오시지 않는다. 어제나 오늘이나 영원토록 동일하게 우리와 항상 함께하신다. 지금은 하나님 우편에서 우리를 위해 중보하시며, 성령으로 함께하신다. 그리고 늘 우리 마음을 살피시며, 걸음에 발맞추시며, 시선을 맞추시며 동행해 주신다. 하나님인 그분이 우리와 '같이' 있기를 원하신다. 그리고 '동행'하기를 원하신다. 이보다 큰 은혜와 영광이 어디 있을까? 의심하지 말고, 낙심하지 말고, 쓸쓸해하지 말고, 주님의 음성에 집중해 보라. 그러면 오늘도 우리를 향해 이렇게 물으시는 예수님의 온유한 음성을 들을 수 있을 것이다. "우리, 같이 걸을까?"

너와 나의 플렉스 점검하기

| 질문에 답하며 자신을 돌아보고, 진정한 플렉스를 위한 다짐을 나누어 봅시다. |

1. 가장 쓸쓸하고 힘들었던 시절, 나의 편이 되어 곁을 지켜 주고 마음을 다해 도와준 사람이 있습니까? 그때 상황을 나누어 봅시다.

2. 예수님이 십자가에서 죽으신 후 두 제자가 엠마오로 향합니다. 엠마오를 향해 걷는 두 사람은 어떤 심정이었을까요?

3. 예수님은 엠마오로 향하는 두 제자와 어떻게 동행하셨습니까? 그리고 그들에게 무엇을 베풀어 주십니까?

4. 부활의 주님이 우리 삶에 어제나, 오늘이나, 영원히 동행해 주십니다. 이 동행이 우리 인생에 주는 의미는 무엇입니까? 또한 주님의 동행을 의심했다가 확신으로 바뀐 경험이 있다면 나누어 봅시다.

Epilogue

오늘도 우리 삶은 낙원입니다

붙잡히신 예수님이 십자가를 지고 걸어가십니다. 수군거림과 아우성, 조롱과 비난, 눈물과 통곡, 피와 땀으로 범벅된 그곳은 지옥과 같은 아수라장이었습니다. 예수님은 그런 곳을 지나 골고다에 도착하셨고, 손과 발에 못이 박힌 채 피를 쏟으며 십자가에 달리십니다. 그런데 또 다른 두 행악자도 십자가형을 받게 되어, 예수님의 양 옆 십자가에 매달립니다. 예수님은 마치 강도의 수장처럼, 범죄자처럼, 패배자처럼 매달려 계셨습니다.

그 앞에 있던 유대 지도자들은 자신들의 바람대로 상황이 흘러가 흡족했을 것입니다. 지위가 높은 관리들은 예수님을 자신도 구원 못하는 그리스도라 비웃었고, 무력을 지닌 군인들은 예수님을 서슴없이 희롱했습니다. 나머지 백성은 힘의 흐름에 따라 자연스레 십자가 처형을 동조하며 구경했을 것입니다. 그들 모두 '나는 십자가와 무관하다'는 듯 서 있었고, '나는 괜찮다, 안전하다, 편안하다'는 생각과 함께 각자의 삶으로 안도의 미소를 지으며 유유히 돌아가려 했을 것입니다. 그러나 그들이 누리던 안심이 착각이라고 알리듯 우레와 같은 한 강도의 말 한마디가 십자가 위에서 울려 퍼집니다.

> 하나는 그 사람을 꾸짖어 이르되 네가 동일한 정죄를 받고서도 하나님을 두려워하지 아니하느냐(눅 23:40).

강도 하나가 예수님을 비방하자, 또 다른 강도가 이를 꾸짖으며 한 말이었지만 결국에는 하나님을 향한 두려움, 경외심 없이 희희낙락했던 무지한 무리, 더 나아가 하나님 없이 온갖 물질과 우상으로 헛된 안락을 추구하는 인류를 향한 불호령이었습니다. 도살장에 끌려온 어린양처럼 볼품없던, 모두에게 조롱당하고 희롱당하던 예수님이 구원자라는 사실을 강도는 그 순간 깨달은 것입니다. 그래서 그는 얼마 남지 않은 생을 예수님에게 온전히 의탁하며 진심 어린 간청을 드립니다. "예수여, 당신의 나라에 임하실 때에 나를 기억하소서." 이에 예수님이 이렇게 답해 주십니다. "오늘 네가 나와 함께 낙원에 있으리라."

그렇습니다. 모두가 예수님과 그분의 십자가 죽음을 비하하며 패배로 치부했습니다. 그래서 그 앞에서 편안히 웃고 떠들 수 있었습니다. 모두가 권력과 무력에 편승해서 예수님을 십자가에 못 박았습니다. 그러나 십자가에 못 박혀서 외면당한 그분은 인류를 구원하시는 구주셨고, 함께 십자가에 못 박혀 있던 한 강도는 예수님을 믿어 '오늘 낙원'을 얻은 가장 부요한 자가 되었습니다.

낙원을 꿈꾸지 않는 사람은 없습니다. 페르시아 제국의 왕들처럼 무너지지도 않고 침범할 수도 없는 견고한 벽으로 사방을 둘러싼 낙원에서 향락을 즐기며, 고요하고 안전하게, 풍족하고 충분하게 살고 싶은 쿰쿰한 속내가 왜 우리에게 없겠습니까? 하지만 영원한 낙원은 세상에서 찾을 수도, 우리가 만들 수도 없습니다. 십자가 밖에 있던 관리, 군인, 백성처럼 말입니다. 그런데 오늘도 우리는 돈으로, 권력으로, 무력으로 저마다의 낙원을 만들고 그 안에서 부요하게 살고 싶어 합니다. 성경은 이러한 자들은 결국 목마르고 주릴 것이며, 슬피 울게 될 것이라고 경고합니다. 그리고 하나님에게로, 십자가 복음 앞으로 돌아올 것을 촉구합니다.

지금까지 살펴보았듯이, 예수님을 만난 자들은 낮고 천한 자들이었습니다. 조롱과 비난을 받기도 했습니다. 강도처럼 흉악한 범죄자도 있었습니다. 세상이 주목하지 않는 자들이었고, 세상 누구도 그들의 삶을 부러워하지 않았습니다. 하지만 예수님을 만나자 그들의 인생이 복음 안에서 '역전'되고 '부요'를 얻기 시작합니다. 세상에서 지위가 높아지거나 부자가 되는 삶은 아니었지만, 그들은 세상의 잣대를 초월하여 진정 행복하고 부요한 삶을 살게 되었습니다. 그래서 우리 주님은 그들의 삶으로 세상 속 권력 있고 강한 자들을 부끄럽게 하셨습니다.

이 책을 읽은 분들도 세상의 부요함을 동경하거나, 그 앞에서 작아지지 않으면 좋겠습니다. 권력이나 재력을 지닌 사람을 보십시오. 그들에게는 범접할 수 없는 특유의 기세가 분명 있습니다. 누구를 부러워하지도, 쉽게 굴하지도 않습니다. 그래서 많은 사람이 그들을 우러러 보며 따릅니다. 우리에게는 무엇이 있습니까? 은과 금은 없을지라도 하나님의 능력, 하나님의 지혜가 담긴 그리스도의 십자가 복음이 있지 않습니까? 그 복음을 믿어 세상이 결코 흉내 낼 수 없는 참되고 영원한 부요함을 이미 소유하지 않았습니까? 고개 들고, 어깨 펴고, 그리스도인다운 위풍(威風)을 지니고 내뿜으셔서 복음을 제대로 과시하시길 바랍니다. 그리고 그런 여러분을 통해 세상을 따르던 자들이 십자가 복음으로 돌아오길 기도합니다.

그리고 혹여나 여러분의 친구가 요즘 살 만하냐고, 잘 지내냐고 묻는다면, 자동차나 집을 보여 주는 대신 이렇게 대답하면 어떨까요?

"야, 나 예수님 믿는다!"

감사의 글

이 책은 로고스서원 '글쓰기학교'에서 김기현 목사님의 지도 아래 수련하며 쓴 글입니다. 글을 완성하기까지 어려움도 많았지만, 김기현 목사님의 사랑과 헌신의 가르침으로 끝까지 완주할 수 있었습니다. 저의 가능성을 발견해 주시고, 글 쓰는 목사로 만들어 주신 김기현 목사님에게 깊은 존경과 감사의 마음을 전합니다. 또한 제 글의 첫 독자로 칭찬과 조언을 보내 주신 글쓰기학교 글벗들에게도 감사드립니다. 글쓰기학교의 모든 분과 출판의 기쁨을 함께 나누고 싶습니다.

작가로서 첫걸음을 내딛도록 기회를 준 죠이북스에 감사드립니다. 이름 없는 목사의 글을 면밀히 검토해 주고, 여러 모험을 감수하며 출판을 결정해 주었습니다. 또한 저의 서툰 첫 출판 여정을 친절하고 따뜻하게 안내해 주었습니다. 진심으로 감사드립니다.

부교역자의 출판 소식을 진심으로 기뻐해 주시며, 응원과 지지를 보내 주신 원주중부교회 김미열 담임 목사님에게도 감사드립니다. 은혜와 사랑이 넘치는 원주중부교회에서 사역하며, 제가 과분한 복을 누리고 있습니다. 귀한 추천사로 책을 빛내 주신 김영한 목사님, 노진준 목사님, 서진교 목사님에게도 감사의 마음을 전합니다.

그리고 지금까지 사랑과 기도로 키워 주신 부모님에게 감사드립니다. 고달픈 삶에도 평생 교회만 바라보시며, 하나님 나라를 신실하게 섬겨 오신 두 분에게, 이 책이 작은 위로가 되면 좋겠습니다. 늘 바쁘기만 한 사위를 이해해 주시고 아들처럼 아껴 주시는 장인어른, 장모님에게도 감사드립니다.

주로 교회와 서재에 있는 저를 기다려 준 고마운 가족들이 있습니다. 한결같은 사랑과 존중으로 섬겨 주는 아내 은주에게 고맙고 사랑한다고 말하고 싶습니다. 저에게 천국을 안겨 준 딸 소유와 온유, 아들 하율이에게도 아빠의 사랑을 전합니다. 아이들이 언제나 하나님과 이웃을 사랑하며, 은혜와 진리 안에서 하나님의 사람으로 무럭무럭 자라 가길 축복합니다.

끝으로, 탕자와 같던 저를 당신의 자녀로, 일꾼으로 삼아 주신 하나님에게 모든 감사와 영광, 찬미를 올려드립니다.

진정한 플렉스

복음의 부요함을 과시하라

초판 발행 2024년 3월 30일
지은이 신동재
발행인 손창남
발행처 (주)죠이북스(등록 2022. 12. 27. 제2022-000070호)
주소 02576 서울시 동대문구 왕산로19바길 33 , 1층
전화 (02) 925-0451 (대표 전화)
(02) 929-3655 (영업팀)
팩스 (02) 923-3016
인쇄소 송현문화

ISBN 979-11-93507-13-1 03230

책값은 뒤표지에 있습니다.
잘못된 도서는 교환하여 드립니다.